Sporken
Jesus – Mensch für andere Menschen

D1723270

Paul Sporken

Jesus –
Mensch für andere Menschen

Mit einem Beitrag von Curt M. Genewein

Patmos Verlag Düsseldorf

CIP-Kurztitelaufnahme der Deutschen Bibliothek

Sporken, Paul
[Sammlung]
Jesus, Mensch für andere Menschen / mit e. Beitr.
von Curt M. Genewein. – 1. Aufl. – Düsseldorf:
Patmos-Verlag, 1978
    ISBN 3-491-77464-0

© 1978 Patmos Verlag Düsseldorf
Alle Rechte vorbehalten
1. Auflage 1978
Umschlaggestaltung Ralf Rudolph
Herstellung Clausen & Bosse, Leck
ISBN 3-491-77464-0

Inhalt

Vorwort

Am 15. und 16. Oktober 1977 fand im Kongreßhaus zu Salzburg ein erster internationaler Kongreß für Angehörige der Pflegeberufe und der Krankenseelsorge statt. Eingeladen hatten dazu: im Namen der Österreichischen Seelsorger für Pflegeberufe Pater Dr. P. Bolech OSCam, Leiter des Referats für Kranken- und Schwesternseelsorge in der Arbeitsgemeinschaft der Österreichischen Pastoralämter, Wien, und im Namen der Seelsorger für Pflegeberufe der Bayerischen Diözesen Msgr. Dr. Curt M. Genewein, München.

Dieser Einladung sind etwas mehr als 500 Angehörige der Pflegeberufe und Seelsorger aus Bayern und Österreich gefolgt. Das Thema des Kongresses: »Christus, Mensch für andere Menschen« wurde in vier Referaten von Professor Dr. Paul Sporken, Maastricht, ausgefaltet; der Text der vier Referate bildet den Hauptinhalt dieses Buches.

Zusammen mit dem Text der Referate von Paul Sporken stellen wir hier die Einleitung in 3 Arbeitskreise und die Ergebnisse der Arbeiten dieser Arbeitskreise sowie eine kurze Zusammenfassung eines Podiumsgesprächs zum Thema: »Hat Leiden und Sterben einen Sinn?« vor.

Wir freuen uns, die Ergebnisse dieses Kongresses, der zu einer festen Einrichtung in Salzburg werden soll, einem breiteren Publikum zugänglich machen zu können.

Pater Dr. P. Bolech OSCam   Msgr. Dr. C. M. Genewein

1. Einführung

Es gibt Fragen, mit denen sich der Mensch seit den ältesten Zeiten auseinandergesetzt hat. Die Fragen nach dem Sinn des Lebens, des Leidens und des Sterbens nehmen unter ihnen sicherlich nicht den geringsten Platz ein.

Auch das Christentum hat sich im Lauf der Geschichte mit diesen Problemen eingehend beschäftigt: Die Bibel, die Kirchenväter, die Theologen aller Zeiten, Seelsorger und Gläubige haben immer aufs neue versucht, eine befriedigende Antwort auf diese oft quälenden Lebensfragen zu finden.

Für die Gläubigen kamen übrigens noch andere Fragen hinzu, die ebenfalls eine Antwort verlangten. Zunächst die Frage nach dem Wesen des Christentums und nach der Möglichkeit, vielleicht eine spezifisch christliche Antwort zu finden. Welche Beziehung besteht zwischen dem allgemein Menschlichen und dem Christlichen? In diesem Zusammenhang entstanden dann sofort wieder andere Fragen, so etwa ob und inwieweit die christliche Botschaft zur Humanisierung der Welt beitragen kann. Schließlich die Frage, ob die Humanität oder »das Ideal-Menschliche« als Aufgabe des Menschen und als Grundnorm der menschlichen Beziehungen und Hilfeleistungen angesehen werden kann.

In vier Beiträgen soll der Versuch gemacht werden, diese Problematik zu untersuchen. Dabei wird zuerst das Problem der Humanität als Aufgabe des Menschen behandelt. Dann werden die Fragen nach dem besonderen Charakter der christlichen Botschaft betrachtet. Diese Überlegungen sollen dazu führen, die Bedeutung Jesu als Mensch für andere Menschen besser zu erkennen. Schließlich wird noch der Versuch unternommen, einen Anhaltspunkt zur Beantwortung der Fragen nach dem Sinn des Leidens und des Sterbens zu finden.

Bei der Ausarbeitung dieser Probleme habe ich selbstverständlich auch Gedanken wieder aufgegriffen, die ich in meinen früheren Büchern schon einmal ausgesprochen habe. Der Vollständigkeit halber sind diese Gedanken hier kurz wiedergegeben.

2. Humanität als Aufgabe des Menschen und als Grundlage jeder menschlichen Hilfe

2.1. Einführung

Wenn man von einer »Aufgabe des Menschen« und von der »Grundlage jeder menschlichen Hilfe« spricht, befindet man sich eigentlich schon auf dem Gebiet der Ethik. Denn ganz allgemein kann man sagen, daß die Ethik sich mit den Fragen nach der Lebensaufgabe des Menschen beschäftigt. Wir werden deshalb eine Definition der Ethik als Ausgangspunkt für die Erläuterung unserer Thematik brauchen.[1]

Nach diesen Überlegungen werden wir die Frage behandeln, ob und inwieweit die Humanität auch die Grundnorm jeder menschlichen Hilfe bildet.

2.2. Ethik – Eine Begriffserklärung

Das Wort »Ethik« löst Assoziationen zu Gut und Böse, Werten und Normen, Geboten und Freiheit, Verantwortung aus. Im täglichen Sprachgebrauch benützen wir viele Begriffe, die eine ethische Beurteilung enthalten. Man denke an Begriffe wie »sollen«, »müssen«, »gemein«, »unmenschlich«, »akzeptabel«, »ideal« und andere. Manche Wörter enthalten auch ein ethisches Werturteil, das aber nicht immer explizit ausgesprochen wird. Man denke an Aussagen wie »das ist dummes Zeug«; »der handelt nur drauflos«; »so etwas tut man nicht«.

In diesen Aussagen offenbart sich ein tieferes Gespür für das, was zu Recht oder zu Unrecht als menschenwürdig oder menschenunwürdig angesehen wird.

Das Wort »Ethik« aber hat für viele einen negativen Beiklang. Es löst Assoziationen zu Normen, Verhaltensregeln, Vorschriften und Gesetzen aus, die in unserer Gesellschaft für gültig gehalten werden. Viele haben das Gefühl, daß diese Normen von der Gruppe oder von oben her dem Individuum auf eine solche Weise auferlegt werden, daß sie zu einer Bedrohung der persönlichen Freiheit und Verantwortung werden. Bei anderen Menschen löst das Wort »Ethik« Assoziationen zu dem aus, was sie zuhause und in der Schule über Gut und Böse gelernt haben, was man tun darf und was nicht, und – in christlichen Kreisen – über Gewissen, Sünde und Hölle. Für manche aber ist die Ethik nicht konkret genug und nur unverbindliches allgemeines Gerede. Sobald aber Ethik konkret wird und normative Aussagen über bestimmte Fragen macht, wirft man ihr Kleinlichkeit oder Rechthaberei vor. Der Ursprung des Wortes »Ethik« ist das griechische èthos, das Sitte oder Gewohnheit bedeutet, und/oder êthos, das Gesinnung, innere Haltung oder Wohnstätte bezeichnet. Zwischen diesen beiden Wörtern besteht mehr als eine bloß etymologische Verwandtschaft. Denn Sitte oder Verhalten und innere Gesinnung stehen in einem sich gegenseitig beeinflussenden Verhältnis. Streng genommen bedeutet Ethik daher die Wissenschaft vom Sittlichen. In der weitesten Bedeutung könnte man Ethik als das Nachdenken über das menschliche Handeln unter dem Gesichtspunkt von menschenwürdig oder menschenunwürdig definieren.

2.3. Die Entstehung einer lebensechten Ethik

Aus vielen Gründen scheint es mir sinnvoll, die Entstehung der Ethik zu beschreiben. Ausgangspunkt ist die Tatsache, daß es in jeder Gesellschaft oder Gruppe ein bestimmtes Normensystem gibt. Dieses Vorgehen entspricht der Wirklichkeit und bietet größere Möglichkeiten, eine lebensnahe Ethik aufzubauen.

Früher wurde oft gesagt, die Natur des Menschen führe den einzelnen notwendig zu ethischem Bewußtsein und Handeln. Diese Ansicht enthält zweifellos viel Wahres. Man darf sie aber nicht so verstehen, als sei sie die Wiedergabe einer Erfahrungstatsache. Im Alltagsleben bildet sich das individuelle ethische Bewußtsein nicht einfach »von innen her«. Es ist vielmehr die Folge von Einflüssen, die vom Erziehungs- und Lebensmilieu her auf das Individuum einwirken.

In jeder menschlichen Gruppe und in jeder Gesellschaft findet man Normen, die als bindend angesehen und von dieser Gesellschaft oft als Gesetze sanktioniert werden. Verschieden nach Ort, Zeit, Art einer Gruppe oder eines Volkes, einer Kultur, bringt dieses Normensystem eine gewisse Ordnung in die jeweilige Gesellschaft. Das Normensystem ist auch Ausdruck dessen, was in dieser Gesellschaft als menschliche Werte gilt. Dieses System nennt man das sozial-ethische Phänomen.

Die menschlichen Werte sind wiederum Ausdruck eines ausgesprochenen oder unausgesprochenen Verständnisses von Mensch und Gesellschaft. Dies sei an einem Beispiel verdeutlicht: Wenn in einer Gesellschaft die höchste Arbeitsleistung mit einer besonderen Auszeichnung belohnt wird, folgt daraus, daß diese Leistung als ein wichtiger und allgemein anzustrebender Wert betrachtet wird. Zugleich kann man daraus schließen, daß dem Gemeinwohl eine hohe Priorität zuerkannt wird. In Gesprächen mit einzelnen Menschen stoßen wir oft auf die Normen, die in ihrer Lebenswelt vorherrschend sind. Das gilt auch für den Einfluß, der vom Erziehungsmilieu ausgeht. Nicht selten erkennt man sogar die typischen ethischen Auffassungen, die mit Lebensanschauung, sozialer Stellung und vergleichbaren Voraussetzungen zusammenhängen.

Aber auch im individuellen Bereich finden wir ein ethisches Phänomen. Jeder Mensch sieht bestimmte Dinge als erstrebenswert an, als Norm oder Verhaltensregel für sich selbst, weil er der Meinung ist, ihre Verwirklichung mache sein Leben lebenswert. Wir entdecken aber auch, daß mancher Mensch aus eigener Entscheidung zu handeln glaubt, während er in Wirklichkeit nur den Normen konform handelt, die in seiner Gruppe gelten.

Und doch ist es möglich, daß ein Mensch sich von einem rein konformistischen zu einem eigenen, ganz individuellen Verhalten entwickelt und persönliche ethische Entscheidungen trifft. Diese Entwicklung vom sozial-ethischen zum eigenen oder individuell bestimmten Verhalten kann sich nur dann vollziehen, wenn der Mensch über ein gewisses Maß von Selbständigkeit und Freiheit verfügt. In einer Gruppe oder Gesellschaft, in der die sozialen Normen dem einzelnen mit einem fast absoluten Zwang auferlegt werden, ist ein individuelles ethisches Verhalten nicht mehr möglich. Wenn aber ein solcher sozialer Zwang fehlt, kann es zu einem abweichenden ethischen Verhalten kommen; damit besteht für den einzelnen zugleich die Chance, einen persönlichen Standpunkt und eine persönliche Ethik zu entwickeln.

In unserer heutigen Gesellschaft finden wir sehr unterschiedliche sozial-ethische Normen. Denn es existieren ganz verschiedene weltanschauliche Gruppen, jede mit einem eigenen Normensystem. Das Individuum, das gleichzeitig in verschiedenen Gruppen lebt und arbeitet, wird mit unterschiedlichen sozialen Normen konfrontiert. Das kann manchmal sehr schwierig sein, zum Beispiel für eine Pflegeperson, die von zuhause ein strenges Normensystem mitbekommen hat, im Hospital mit einem anderen Normensystem konfrontiert wird und privat in dem neuen Lebensmilieu wiederum mit einem anderen Normensystem leben muß. Das gibt einerseits mehr Möglichkeiten zum Aufbau einer persönlichen ethischen Lebenshaltung, bringt anderseits manchmal auch große Schwierigkeiten.

Die individuelle ethische Auffassung ist nicht als eine eigene Wirklichkeit vorgegeben. Sozial-ethisches Phänomen und Bewußtsein existieren schon früher und bilden den Ausgangspunkt für das Entstehen einer persönlichen Ethik. Denn der einzelne Mensch hat prinzipiell und meistens auch real die Möglichkeit, soziale Normen zu seinen eigenen Normen zu machen. Aufgrund dieser inneren Verarbeitung kann er dann von den herrschenden gesellschaftlichen Normen abweichen. Menschen mit einer tiefen inneren Überzeugung sind sogar fähig, ihre persönlichen ethischen Normen denen der Gruppe entgegenzustellen. Nur einer sehr starken Persönlichkeit wird es aber gelingen, ihre ethische Auffassung so auf die Gruppe zu übertragen, daß tatsächlich neue sozial-ethische Normen entstehen (vgl. Jesus von Nazaret).

Eine vollständige Übernahme durch die Gruppe ist aber nur dann möglich, wenn die betreffenden Normen erkennbar sind. Es wird davon abhängen, ob die dargebotenen Werte als allgemein-menschlich und als erstrebenswerte Ziele erkannt werden können oder nicht. Das trifft offensichtlich für gewisse Werte zu, die wirklich menschlich sind und uns als erstrebenswert oder als Verpflichtung erscheinen. Man denke an Werte wie Nächstenliebe: darum helfen wir spontan Menschen, die sich in Not befinden; Gerechtigkeit: darum lehnen wir uns auf gegen Unrecht; Wahrhaftigkeit: darum ertragen wir keine verlogenen Menschen; Ehrlichkeit: darum empören sich viele gegen die Heuchelei, die bestimmten ethischen Systemen anhaftet.

Die Spontaneität dieser Reaktionen rechtfertigt die Vermutung, daß im Menschen eine Form spontanen ethischen Bewußtseins vorhanden ist, das ihn bereit macht für die Realisierung dessen, was er – zu Recht oder zu Unrecht – als menschliche Werte ansieht und was ihn dazu treibt, diese zu verwirklichen. Das Ganze dieser grundlegenden menschlichen Werte kann man mit dem Namen »das Humane« oder »das Ideal-Menschliche« bezeichnen. Dieses Ideal-Menschliche, oder »le souhaitable humain« (P. Ricoeur[2]) oder kurz: die Humanität, findet seine konkrete Gestalt in der Verwirklichung der verschiedenen Werte, die an uns appellieren. Der Mensch fördert deshalb seine Selbstverwirklichung als Mensch, indem er die verschiedenen menschlichen Einzelwerte verwirklicht. Der Einzelmensch kann aber zu dieser tiefsten Humanität nur in der und durch die Begegnung mit seinem Mitmenschen heranwachsen. Nur in dieser Begegnung entdeckt der Einzelmensch den und wird er der, der er eigentlich ist: Mensch und zugleich und zutiefst Mitmensch. Seine fundamentale Aufgabe besteht darin, diese Humanität zu verwirklichen.

Manchmal wird gesagt, Vernunft und Freiheit seien die wesentlichen Merkmale des Menschen. Das ist nur dann richtig, wenn man den Menschen rein individualistisch sieht. Betrachtet man den Menschen in seiner fundamentalen Bezogenheit auf den Mitmenschen, dann wird klar, daß der Mensch dadurch bestimmt ist, daß er lieben kann und daß er nur in der Liebe zum Nächsten die Vollendung seiner Selbstverwirklichung erreichen kann. Mensch-sein ist also die Aufgabe, Mensch zu werden, oder die Aufgabe der Selbstverwirklichung in Mitmenschlichkeit.

Obwohl wir damit die wesentlichen Merkmale des Menschenbildes beschrieben haben, wissen wir nicht ganz konkret und bis in die letzten Einzelheiten, was Mensch-sein zutiefst ist und was es an konkreten ethischen Forderungen in sich schließt. Das muß bei der Behandlung der verschiedenen ethischen Problemsituationen ausgearbeitet werden, und zwar je nachdem, um welche menschlichen Werte es in jeder einzelnen Situation geht. Abgesehen von einigen Grundwerten, handelt es sich etwa bei der Sterilisation um andere Einzelwerte als bei der Festlegung der Todeskriterien im Hinblick auf eine Organverpflanzung. Vor diesem Hintergrund kann man das Wesen und die Aufgabe der (wissenschaftlichen) Ethik definieren. Ethik ist:

eine systematische Besinnung auf Problemsituationen und auf die Normen, die in ihnen vorhanden sind oder als neu vorgestellt werden,

die Bestimmung des Menschenbildes, das in diesen Normen zum Ausdruck kommt, und

die kritische Prüfung dieses Menschenbildes auf seinen humanen Charakter. Bei dieser Prüfung spielt die Weltanschauung oder der Glaube eine wesentliche Rolle. Letztlich geht es um das stets wachsende Bewußtsein und Gespür für den Inhalt der ethischen Forderungen, die aus der einmal angenommenen Lebensaufgabe zur Humanisierung des eigenen Lebens und der Lebenswelt hervorgehen. Die Bereitschaft, unsere Vorstellungen ständig zu überprüfen und nötigenfalls zu korrigieren, ist für den Aufbau einer lebensechten Ethik unentbehrlich.

Noch eine letzte Bemerkung. Ein Ethiker ist kein Mensch, der sich Normen ausdenkt. Nur gemeinsam mit seinen Mitmenschen kann er denken, höchstens vorausdenken und die Richtung zu Verhaltensweisen zeigen, durch die sich die gewünschte Humanität als das Ganze von menschlichen Werten besser verwirklichen läßt. Daher ist die Aufgabe des Ethikers eine begleitende Aufgabe: dem anderen mit- und vorausdenkend in solcher Weise nahe sein, daß es diesem schließlich gelingt, selbst seinen Weg zu einer ethisch verantwortlichen, persönlichen Gewissensentscheidung zu finden.

2.4. Humanität als Grundnorm jeder menschlichen Hilfe

Nach diesen grundsätzlichen Überlegungen wird es Zeit, daß wir uns dem Alltagsleben zuwenden. Es ist uns deutlich geworden, daß Humanität oder das Ideal-Menschliche dort realisiert wird, wo wir die verschiedenen Einzelwerte verwirklichen. Man kann dies kurz zusammenfassen in dem Satz: Selbstverwirklichung in Mitmenschlichkeit. Wir wollen nun versuchen, näher zu betrachten, was dieser Satz im Hinblick auf die Hilfe, die wir dem Mitmenschen bieten, bedeutet.

2.4.1. Die Aufgabe der Lebens- und Sterbehilfe

Die Anerkennung des Rechts auf Leben und Lebenshilfe beruht auf der allgemeinen Überzeugung, daß das menschliche Leben einer grundsätzlichen Ehrfurcht würdig ist. Für den Christen wird diese Überzeugung noch verstärkt durch den Glauben, daß Gott der Schöpfer und Herrscher des Lebens ist. Die Pflicht zur Achtung eines jeden Menschenlebens gehört unabdingbar zu den fundamentalen Errungenschaften der westlichen und der christlichen Kultur und Ethik.

Die ethische Verpflichtung zur Lebenshilfe bedeutet nicht nur, daß das körperliche Leben des anderen als unantastbar gilt, sondern auch, daß man ihm hilft, das Leben zu erhalten, und zwar auf eine sinnvolle Art. Der Begriff Lebenshilfe kann aber noch zahlreiche andere Bedeutungen haben: Erziehung, Freundschaft, die Sorge für geistig Behinderte, Behandlung und Pflege von Kranken. Alle genannten Formen sind aber nur Aspekte der inneren Grundhaltung gegenüber dem Leben des Mitmenschen. Lebenshilfe im eigentlichen Sinn besteht darin, daß wir dem anderen helfen, er selbst zu werden, oder daß wir dem anderen so nahe und behilflich sind, daß er dadurch sein eigenes Leben zu leben vermag. Die wirklichen Nöte des Hilfsbedürftigen sind die Norm unserer Hilfe. Geduld und Toleranz, durch die wir dem anderen dazu verhelfen, er selbst zu sein, gehören grundlegend und unentbehrlich zum Wesen der ethischen Grundhaltung zur Lebenshilfe. Ohne diese Geduld und Toleranz wird Lebenshilfe zu einer unnötigen Bevormundung oder – schlimmer noch – zu einer unethischen Manipulation.

Damit ist zugleich schon gesagt, daß der Mensch ein Recht hat auf Sterben und auf Sterbehilfe, weil das Sterben ja als letzte Lebensrealität zum Leben gehört. Trotzdem klingt diese Aussage etwas merkwürdig: Warum sollte der Mensch etwas, was ihn als eine unabwendbare Wirklichkeit überkommen wird, als ein Recht für sich in Anspruch nehmen? Sie wird aber verständlich, wenn man bedenkt, daß sich im Hinblick auf das Sterben, auf den Weg also, den der Mensch bis zu seinem Tod zurückzulegen hat, einiges geändert hat. Mehr als die Hälfte der Menschen stirbt nicht mehr zu Hause, sondern in einem Krankenhaus, in einem Pflege- oder Altersheim. Nicht selten ist der Sterbende von so vielen technischen Hilfsmitteln umgeben, daß sein Sterben selbst ein fast unwirklicher Vorgang wird. Auch dauert der Sterbeprozeß im allgemeinen länger als früher; das ist hauptsächlich den zahlreichen Möglichkeiten der Lebensverlängerung zuzuschreiben. Schließlich sind die Grenzen zwischen Leben und Tod undeutlicher geworden. Eine Anzahl von heute lebenden Menschen ist buchstäblich vom Tod zurückgeholt worden. Wir verfügen heute über so viele Möglichkeiten, das Leben des Menschen zu verlängern, daß wir in Gefahr geraten, die menschlichen Aspekte dieses Lebens zu vernachlässigen.

Das Recht auf Sterbehilfe bedeutet vor diesem Hintergrund, daß der Mensch ein Recht hat auf unsere Hilfe, damit er seinen eigenen Tod sterben bzw. menschlich sterben kann. Dieses »Menschliche« des Lebens und des Sterbens ist jene

Synthese, in der die einzelnen menschlichen Teilwerte als Gesamtheit gesehen werden.

Diese menschlichen Werte sind von wesentlicher Bedeutung für die ethische Beurteilung aller Versuche, das Leben zu verlängern. Der Ausdruck: Jeder Mensch hat die Pflicht und deshalb das Recht, sein eigenes Leben zu leben, bedeutet, daß der Mensch Anspruch hat auf ein Leben, in dem er möglichst viele menschlichen Werte verwirklichen kann. Die Pflicht und das Recht, seinen eigenen Tod zu sterben, bedeutet deshalb, daß der Mensch die Pflicht und das Recht hat auf »ungestörtes Sterben«, also auf ein Sterben, in dem möglichst viele menschliche Einzelwerte verwirklicht werden. Das bedeutet selbstverständlich nicht, daß der Mensch willkürlich über sein Leben verfügen könnte. Er ist sich selbst Verantwortung für seine eigene Lebensaufgabe schuldig. Verantwortung auch gegenüber seinen Mitmenschen, besonders wenn er noch bestimmte soziale Verpflichtungen zu erfüllen hat. Für gläubige Menschen bedeutet das auch eine Verantwortung gegenüber dem Schöpfer des Lebens. Das Recht, seinen eigenen Tod zu sterben, wie der Mensch ihn seiner Weltanschauung entsprechend verantworten kann, wird im Prinzip von niemandem bezweifelt. Bei der konkreten Interpretation des Prinzips können sich jedoch Meinungsverschiedenheiten ergeben. Aber damit berühren wir schon das Gebiet der medizinischen Ethik, auf dem dieselbe Grundnorm der Humanität maßgebend sein muß.

2.4.2. Humanität als Grundnorm der medizinischen und pflegerischen Hilfe

Wenn wir prüfen wollen, ob die Humanität auch in der Gesundheitssorge die Grundnorm bildet, gehen wir am besten von der Praxis aus, und zwar von einer Beschreibung der Entwicklung des Krankheitsprofils.[3]

Das Krankheits- und Sterbeprofil der letzten hundert Jahre hat eine tief einschneidende Entwicklung erfahren. Im 19. und im frühen 20. Jahrhundert war es gekennzeichnet durch Infektionskrankheiten wie Diphterie, Dysenterie, Masern, Influenza und ähnliche Krankheiten. Für sie ist charakteristisch, daß sie durch eine einfache direkte Ursache, nämlich einen Mikroorganismus, hervorgerufen werden, der sich im Körper einnistet, von Individuum auf Individuum übertragbar ist und eine Krankheit auslöst, die meistens schnell verläuft, das heißt zu Genesung oder Tod führt. Kennt man Ursache und Übertragungsmechanismus dieser Krankheiten und gelingt es, diese zu bekämpfen, dann lassen sie sich heilen oder sogar verhindern. Der Mensch selbst gelangt bei solchen Krankheiten kaum in den Blick. Es ist deshalb verständlich, daß das medizinisch-somatische Hilfeleistungsmodell für derartige unikausale Krankheiten meist klar erkennbar ist.

Ganz anders wurde die Situation, als sich das Krankheitsprofil durch die Zunahme der Zivilisationskrankheiten (etwa Herz- und Gefäßerkrankungen, Diabetes, bestimmte Geisteskrankheiten) drastisch veränderte. Wenn man mögliche Variationen einmal außer Acht läßt, kann man für die Zivilisationskrankheiten folgende Kennzeichen nennen: Sie haben mehrere Ursachen, die außerdem oft undeutlich sind; sie greifen die Gesundheit nicht aus einer einzigen Ursache und durch einen bestimmten Übertragungsmechanismus an, so daß die Bekämpfung einer Ursache nicht zur Heilung oder Verhinderung genügt; sie verlaufen im allgemeinen langsamer und führen häufig zu einer bestimmten Form von Invalidität; schließlich steht bei den Zivilisationskrankheiten nicht das infizierte Organ oder der Organismus im Vordergrund, sondern der Mensch als ganzer. Dabei wird dem Körper sozusagen sein menschlicher Charakter zurückgegeben, und Krankheit wird wieder zu einem menschlichen Geschehen, sowohl in ihrer Entstehung als auch in ihrer Heilung. Im Gegensatz

zu den Infektionskrankheiten ist daher bei den Zivilisationskrankheiten das bekannte medizinisch-somatische Hilfeleistungsmodell – das sich ja auf eine einzige Ursache richtet –
untauglich. Weil die Zivilisationskrankheiten ihrem Entstehen nach multikausal sind, muß mit einem multidisziplinären
Hilfeleistungsmodell gearbeitet werden, das heißt, der Arzt
wird den verschiedenen Ursachen nachgehen und seine thera-
peutischen Maßnahmen auch auf verschiedenen Ebenen einsetzen müssen.

Die Entwicklung des Krankheitsprofils und der dazu gehöri-
gen medizinischen Hilfe hatte einen sehr großen Einfluß auf
das medizinische Menschenbild. Es wuchs die Überzeugung,
daß Gesund- oder Kranksein ein den ganzen Menschen erfas-
sendes Geschehen ist, bei dem leibliche, psychische und soziale Faktoren eine wesentliche Rolle spielen. Einem Kranken
helfen bedeutet daher immer, einem Menschen in einer bestimmten Situation seines Lebens Hilfe zu leisten. Je ernster
jemand krank ist, um so tiefer und fundamentaler werden
Ärzte und andere Gesundheitshelfer in das Leben des Patienten eingreifen müssen. Verantwortliche Hilfeleistung darf
sich also nicht mit dem begnügen, was in diesem Augenblick
erforderlich ist, sondern muß auch die Folgen berücksichti-
gen, welche die jeweilige Behandlung für den gesamten weiteren Lebensweg des Kranken haben wird. Auf diese Art wird
ein medizinisches Menschenbild vervollständigt, das Ausgangspunkt für eine integrale Heilkunst im wahren Sinn des
Wortes sein kann: eine Heilkunst, in der alle Teilbehandlun-
gen letztlich auf die integralen Interessen des kranken Menschen gerichtet sind und durch diese normiert werden.

Vor diesem Hintergrund wird die Grundnorm jeder ärztlichen Hilfe durch den kranken Menschen in seiner Ganzheit
bestimmt. Sie umfaßt deshalb das komplexe Ganze leiblicher,
psychischer, sozialer und dynamischer Aspekte, die wesentlich zur menschlichen Existenzsituation gehören.

2.4.3. Der Inhalt dieser Grundnorm der Humanität

Wenn auch die Grundlage der medizinischen Ethik durch den Begriff »Humanität« ganz klar ausgedrückt wird, so gibt es doch zahlreiche Probleme, bei denen noch nicht klar ist, was der ganzheitlich verstandene Mensch (besonders auch im Hinblick auf seine Selbstverwirklichung in Mitmenschlichkeit) konkret bedeutet. Ich möchte nur einige Beispiele nennen: die Wahrheit am Krankenbett, die Verantwortung gegenüber unseren Nachkommen, das Problem des Schwangerschaftsabbruchs, der Sterbebeistand, die Frage der Euthanasie, die Lebensverlängerung, die Transplantation von Organen, die Todeskriterien. Diese letzteren sind besonders bei der Organtransplantation von einem toten Spender nur sehr schwer zu bestimmen. Man muß ja mit Sicherheit feststellen können, in welchem Moment der Mensch als solcher tot ist, aber seine Organe noch lebendig sind, unverletzt und brauchbar für eine Transplantation. Beim Empfänger entsteht dann wieder das Problem, ob eine Lebensverlängerung überhaupt sinnvoll ist. Und schließlich gilt für alle Patienten: Der Gesundungsprozeß ist nicht beendet, wenn die Operation gelungen ist und die Wunden geheilt sind, sondern wenn der Patient wieder in der Lage ist, er selbst zu sein in seiner sozialen Umwelt; das bedeutet oft, daß eine umfassende Rehabilitierungs- und Resozialisierungshilfe geleistet werden muß.

Weil man heute sehr oft ein Menschenleben erhalten oder wenigstens immer noch etwas verlängern kann, sind wir mehr als je zuvor verpflichtet, darüber nachzudenken, welches hier eigentlich die Norm ist. Ich möchte darüber noch etwas sagen. Man ist zu der Überzeugung gekommen, daß es in diesen Fällen nicht um die Erhaltung des Lebens schlechthin geht, sondern um die Erhaltung eines menschlichen Lebens. Dann steht man aber vor einem neuen, sehr schwierigen

Problem: Was ist sinnvolles, menschliches Leben? Gibt es überhaupt Kriterien, aufgrund derer man ein Leben als sinnvoll bezeichnen kann? Es ist meines Erachtens nicht möglich, allgemeingültige Kriterien zu finden, die so eindeutig sind, daß sie ohne weiteres auf jeden Einzelfall angewendet werden können. Aber es scheint mir unbedingt notwendig, daß wir gemeinsam darüber nachdenken und nach solchen Kriterien suchen. Sinnvolles und akzeptables menschliches Leben als Norm zu verwenden, ohne genau zu sagen, was man damit meint, ist lebensgefährlich im buchstäblichen Sinn des Wortes.

Hinzu kommt noch die ungemein schwierige Frage, wer in diesen Fällen entscheiden muß oder darf? Nehmen wir das Beispiel der Hämodialyse: Wer entscheidet? Hat man das Recht, strenge Auswahlkriterien anzulegen, bevor jemand zu der Dialyse zugelassen wird?

Darüber gehen die Meinungen auseinander. Manche Autoren sind der Ansicht, der Wille des Patienten, sich dieser Behandlung zu unterziehen, sei entscheidend. Sie begründen ihre Meinung so: Jeder Patient hat ein Recht auf diese Behandlung zur Lebensverlängerung, weil Dialyse sicher nicht zu den sogenannten außergewöhnlichen Mitteln gehört. Zudem ist das Behandlungsteam nicht imstande und deshalb nicht berechtigt, zu beurteilen, ob diese Lebensverlängerung für den Patienten sinnvoll ist oder nicht.

Andere Autoren dagegen sind der Ansicht, es sei unverantwortlich, keine Selektion vorzunehmen und die Entscheidung ausschließlich dem Patienten zu überlassen. Sie begründen ihre Meinung mit folgenden Überlegungen. Der Patient kann unmöglich selbst beurteilen, wie seine körperliche Verfassung ist, was die Dialyse für ihn bedeuten wird und ob er die körperliche und psychische Belastung der Dialyse wird verkraften können. Daher ist es für den Patienten äußerst schwer, zu beurteilen, ob diese Form der Lebensverlängerung ihm ein einigermaßen sinnvolles Leben ermöglichen wird. Diese Autoren glauben daher, letztlich müsse das Team entscheiden. Das Team muß aber die körperlichen, psychischen und sozialen Faktoren und nicht zuletzt den Willen des Patienten in seine Überlegungen und seine Entscheidung einbeziehen. Im übrigen zeigen die Erfahrungen der Praxis, daß sich jene, die für eine gewisse Selektion eintreten, nur in Ausnahmefällen dazu entschließen können, einem Patienten keine Dialysebehandlung anzubieten. Dabei spielen die Scheu und das Gefühl des Unvermögens, ein Urteil über den Sinn der Lebensverlängerung abzugeben, zweifellos eine große Rolle.

Ein letztes Beispiel aus dem Bereich der Alterssorge.[4] Es wird in Zukunft immer mehr alte Menschen geben. Schon jetzt ist die Situation so, daß viele Alten isoliert leben und vereinsamen. Diese Probleme sind groß, denn den höchsten Prozentsatz von Suizidversuchen findet man ja bei Menschen, die über siebzig Jahre alt sind. Für die zukünftige Alterssorge müssen wir die notwendige Vorsorge planen, die nötigen Einrichtungen schaffen und über die erforderliche Zahl von Fachkräften verfügen. Wenn wir aber den eigentlichen Inhalt unserer Aufgabe der Lebenshilfe ernst nehmen, darf der Hauptakzent unserer Planungen nicht darauf liegen, möglichst viele Alten in schönen und teuren Einrichtungen (aber außerhalb unserer Städte und Dörfer gebaut) unterzubringen, damit sie dort richtig betreut werden und deshalb nach unserer Meinung zufrieden und glücklich sein können! Der Hauptakzent unserer Bemühungen muß eher auf dem Versuch liegen, alten Menschen so nahe und behilflich zu sein, daß sie zwischen den anderen Generationen sie selbst sein können. Denn letztlich gilt für alle Menschen – ob sie nun jung oder alt, krank oder gesund sind –, daß ein Mensch nur dann er selbst und dadurch glücklich sein kann, wenn er wirklich in der Nähe der anderen Menschen leben darf.

3. Die christliche Botschaft und die Humanisierung der Welt

3.1. Einführung

Eine Besinnung auf die christliche Botschaft und die Humanisierung der Welt bedeutet zunächst einmal, daß wir darüber nachdenken, was die christliche Botschaft eigentlich ist. Ich will versuchen, dies an der Entwicklung unseres Glaubens zu erläutern, und zwar vor dem Hintergrund der Veränderung unserer Kultur. Dabei wird uns eine Beschreibung des Prozesses, den man »Säkularisierung« nennt, nützlich sein.[5] Sodann werden wir den Versuch unternehmen, dies in den ethischen Auftrag zur Humanisierung der Welt zu übersetzen.

Dabei werden wir auch die Frage stellen, was es wohl bedeuten kann, wenn man von einem katholischen oder evangelischen Krankenhaus, Pflegeheim oder Altersheim spricht.

Abschließend werde ich dann darzustellen versuchen, was Lebenshilfe und Begleitung des Mitmenschen im Licht der christlichen Daseinsinterpretation erfordern.

3.2. Säkularisierung

3.2.1. Der Begriff

Dem Begriff »Säkularisierung« liegt das lateinische Wort »saeculum« zugrunde, das mit »Jahrhundert«, aber auch mit »Welt« (und zwar weltliche Welt des Menschen) übersetzt werden kann. Säkularisierung bedeutet deshalb die Verweltlichung und Vermenschlichung des Menschen und des menschlichen Lebens. Damit ist an sich noch keine Wertung irgendwelcher Art verbunden.

3.2.2. Säkularisierung als soziokulturelles Phänomen

Erst seit kurzem sind wir uns bewußt, welche tiefgreifenden Veränderungen menschliches Leben und Denken in jüngster Zeit erfahren hat. In einer immer schneller fortschreitenden Evolution ist eine ganz andere Welt entstanden; sie ist gekennzeichnet durch Industrialisierung, Verstädterung, Informationszuwachs durch neue Kommunikationsmittel und durch die ständig wachsende Macht des Menschen infolge von Technik und Wissenschaft. Mehr und mehr ist der Mensch fähig geworden, die Natur und ihre Kräfte zu beherrschen und seine Zukunft selbst zu planen – und zwar fast bis zu ihrem Ende (man denke nur an die Möglichkeiten der Atomenergie!).

Das gilt nicht nur für die Natur schlechthin, sondern auch für die menschliche Natur im engeren Sinn. Dazu gehören etwa Eingriffe durch Medikamente und Operationen, Manipulation mit menschlichen Keimzellen, neue Möglichkeiten der Lebensverlängerung, die Transplantation von Organen.

In diesem Sinn weist Säkularisierung auf die damit verbundene Evolution des menschlichen Denkens und der menschlichen Lebensführung; gemeint ist also der Prozeß der Selbstwerdung und der zunehmenden Freiheit des Menschen in seiner Selbstentfaltung.

Dieser Prozeß der Selbstentfaltung des Menschen bringt einerseits eine zunehmende Freiheit von allen Formen des Unterworfenseins unter die Naturkräfte und von jeder Form der Bevormundung durch absolutistische Kräfte, durch gesellschaftliche Strukturen, durch Ideologien mit sich. Anderseits bedeutet er aber auch eine neue Art der menschlichen »Existenz-in-seiner-Welt«, die darin besteht, daß der Mensch immer mehr derjenige wird, der seine und seiner Umwelt Existenz und Zukunft in die Hand nehmen kann und muß.

Dieser soziokulturelle Wandlungsprozeß hat verschiedene Aspekte, von denen hier nur einer genannt werden soll: der religiös-soziologische Aspekt.

Der Prozeß der menschlichen Selbstentfaltung und die Bewußtwerdung der Verantwortung des Menschen für das Wohl und Wehe der Welt führte zwangsläufig zu bestimmten Konsequenzen für das Bild von Gott und von der Kirche. Probleme, deren Lösung der Mensch früher von Gott erwartete, löst er nun selbst. Durch die öffentliche soziale Fürsorge werden heute weithin Fragen gelöst, die früher fast ausschließlich in den Bereich der christlichen Liebestätigkeit, Barmherzigkeit und Nächstenliebe fielen. Die Menschen haben sich aber weitgehend von Bevormundungen frei gemacht, die in der Vergangenheit häufig mit bestimmten Vorstellungen von Gott und der Kirche verbunden waren und die nicht selten den Menschen sich selbst und seiner Aufgabe in dieser Welt entfremdeten. So haben beispielsweise die Kirchen allzulange den Reichen Freigebigkeit und den Armen Geduld und Hoffnung auf ein besseres Jenseits gepredigt, obwohl ihr eigentlicher, von Christus stammender (und von Papst Leo XIII. und seinen Nachfolgern immer wieder deutlich ausgesprochener) Auftrag das Eintreten für soziale Gerechtigkeit gewesen wäre. Auch von den Bevormundungen durch ein falsches Bild vom Menschen, von Gott und der Kirche hat sich der Mensch unserer Tage weitgehend frei gemacht und sich so gegen die Entfremdung von seinem eigentlichen christlichen Auftrag in dieser Welt gewandt. Dieser Auftrag besteht darin, daß der Christ an der Evolution der Menschheit teilnimmt, um stets neu die Frage zu stellen, was der Auftrag der Frohbotschaft zur Vermenschlichung der Welt konkret und heute fordert. Durch diese Entwicklung wurde die alte »sakrale« Welt wieder zur »weltlichen« Welt und damit auch ehemals »sakrale« Aufgaben zu »weltlichen«.

Solche Feststellungen bedeuten nicht unbedingt, daß damit ein Verlust des Sakralen eintreten muß. Richtig verstanden bedeutet die Zuwendung des Christen zur Welt nichts anderes als ein größeres Ernstnehmen des Auftrags, die christliche Botschaft (die die Botschaft der Menschwerdung Gottes ist) zu verkünden. Nach christlichem Verständnis gibt es seit der Menschwerdung Jesu von Nazaret ja gar keine »Welt ohne Gott« mehr, weil durch die Menschwerdung in einem gewissen Sinn Gott in unsere Welt gekommen und in ihr – bis in alle Bereiche – gegenwärtig ist.

3.2.4. Säkularisierung und Glaube

Die Säkularisierung als religiös-soziologisches Phänomen hat selbstverständlich weitreichende Auswirkungen auf den Glauben. Nicht wenige Autoren haben aus der Analyse dieses religiös-soziologischen Phänomens der Säkularisierung die Schlußfolgerung gezogen, diese Entwicklung müsse in ein Zeitalter des Atheismus und der Kirchenlosigkeit führen. Zweifellos haben Gott und Kirche einen Funktionsverlust erfahren: Früher hat sich der Gläubige vor dem Gewitter durch Beten und schwarze Kerzen geschützt, heute stellt auch der Gläubige einen Blitzableiter auf sein Dach. Dort, wo früher nur christliche Nächstenliebe und Almosen bestimmte Bedürfnisse befriedigen konnten, hat der bedürftige Mensch heute ein Recht auf soziale Fürsorge.

Aus dieser Entwicklung darf man aber nicht die oben genannte Schlußfolgerung ziehen, denn aus religiös-soziologischen Gegebenheiten dürfen keine theologischen Schlußfolgerungen gezogen werden. Anders ausgedrückt: Aus dem gewiß eingetretenen Verlust der Funktion von Gott und Kirche darf nicht der Schluß gezogen werden: Gott ist tot, und die Kirche ist überflüssig geworden. Für andere (und auch für mich persönlich) wurde denn auch der Begriff der Säkularisierung zu etwas sehr Positivem, weil sich daraus der Anlaß und die Notwendigkeit ergaben, sich der Frage zu stellen: Von welchem Gott, welcher Kirche, welchem Menschen wird denn eigentlich gesprochen? Mit anderen Worten: die Säkularisierung wurde zum Anlaß, das Bild von Gott, von der Kirche und vom Menschen kritisch zu überprüfen. Innerhalb der Theologie hat das zu ganz neuen Aufbrüchen geführt, zu einer Vertiefung des Verständnisses der Botschaft des Evangeliums und zu einem neuen, fruchtbaren Durchdenken des zentralen christlichen Glaubenssatzes, der Menschwerdung Gottes.

3.2.5. *Gott braucht den Menschen, um ein Gott der Menschen zu sein*

Diese Überlegungen können einen Anstoß zum Nachdenken über die Theologie der Menschwerdung Gottes bilden. Gott ist erst wirklich »Gott-mit-uns« geworden im »Menschensohn« Jesus von Nazaret. In der Menschengestalt Jesu und deshalb auch in allen anderen wahrhaft menschlichen Gestalten können wir Gott, sein Wesen und sein Handeln erkennen. Nur durch das Menschsein hindurch kann Gottes Heil zu menschlichem Heil werden. In diesem Sinn darf man also sagen: Gott braucht den Menschen, um ein Gott der Menschen zu sein.

Glaube an Jesus von Nazaret bedeutet: die erlösende Gegenwart Gottes in dieser Welt erkennen in Menschengestalt, das heißt in aufrichtiger menschlicher Liebe und Gerechtigkeit, in aller Zuwendung und der Bereitschaft zu vergeben, in aller ehrlich gemeinten Hilfe und in wirklichem Trost. Daraus folgt, daß jeder, der an Christus glaubt, den Auftrag auf sich nimmt, Gottes Heil zu menschlichem Heil werden zu lassen, indem er dafür arbeitet, daß das Menschsein zutiefst »ver-menschlicht« wird.

Dieser Auftrag muß aber ganz konkret verstanden werden. Einige Beispiele: Wenn man ihn ernst nimmt, kann man einem schwerkranken und/oder vereinsamten Menschen nicht sagen: »Gott wird dich nicht im Stich lassen«, aber dann gleichzeitig auf die Uhr schauen und feststellen, daß man gehen muß, weil man Wichtigeres zu tun hat. Gott braucht das Wort oder die Geste der menschlichen Liebe, um den Hilfesuchenden seine Liebe erfahren zu lassen. Gott kann nur dann seinen Trost schenken, wenn eine menschliche Hand die Tränen des betrübten Mitmenschen trocknet. Wenn Gott seine Gerechtigkeit verwirklicht sehen will, braucht er Men-schen, die sich für die Gerechtigkeit in der Welt einsetzen. Der Christ kann es sich nicht erlauben, Gott zu bitten, seine Gerechtigkeit walten zu lassen, ohne daß er sich selbst für Gerechtigkeit einsetzt! Ein Christ kann seinem leidenden Mitmenschen einen Grund zur Hoffnung anbieten, indem er ihm sagt, daß (nach dem Psalmwort) »unsere Namen in die Handfläche Gottes geschrieben sind«. Er darf dies aber nur dann sagen, wenn er selbst bereit ist, den Namen dieses Mitmenschen in seine Handfläche zu schreiben, als Zeichen und Beweis dafür, daß er ihn nicht im Stich lassen wird.

Diese Überlegungen könnten die Frage wachrufen: Wenn kein Mensch in der Nähe ist – oder jedenfalls kein Mensch, der sich dem Hilferufenden zuwendet –, kann Gott dann nichts mehr tun? Bedeutet Gott für einen solchen Menschen nichts mehr? Hat der leidende, vereinsamte Mensch dann nichts mehr von seinem Glauben, von seiner Hoffnung? Ich bin der Überzeugung, daß Gott auch in diesen Fällen noch eine große Bedeutung haben kann. Wenn der betroffene Mensch eine bestimmte persönliche Beziehung zu seinem Gott hat, kann das für ihn ein Halt und eine Stärkung sein.

So ist es ja auch im menschlichen Bereich. Die Sicherheit, von einem Menschen geliebt zu werden, bietet die Möglichkeit, aus dieser Verbundenheit den Mut zum Durchhalten zu schöpfen, auch in den Momenten, in denen der andere nicht unmittelbar und leiblich anwesend ist.

3.2.6. Das Christliche und das Menschliche

Die christliche Lebensauffassung unterscheidet sich von einer rein humanistischen Interpretation des Daseins nicht durch irgendein »Mehr«, das dem Menschlichen hinzugefügt würde. Das »typisch Christliche« läßt sich daher nicht unabhängig vom Menschlichen umschreiben, denn es findet ja im Menschlichen seine Inkarnation oder konkrete Gestalt. Das Unterscheidende liegt vielmehr in der Inspiration und der Perspektive, in welcher Humanität in dieser Welt verwirklicht werden soll. Mit Inspiration ist die treibende Kraft oder Motivation gemeint, die aus dem Glauben an Jesus von Nazaret stammt und aus dem Glauben an den, von dem und in dessen Namen Jesus spricht. Mit Perspektive ist gemeint, daß der Glaubende bei seinen Anstrengungen, das Humanum zu verwirklichen, glaubt und hofft, Heil zu realisieren. Das Menschliche ist Symbol und zugleich auch schon Wirklichkeit des Heils. Das Christliche läßt sich weder vom Menschlichen trennen noch anders als in diesem Menschlichen erkennen und ausdrücken. Wenn wir versuchen, das, was es ist, in Worte zu fassen, gelingt das am besten mit den Bildern des Evangeliums: vom Feuer, das durchglüht und reinigt, vom Salz, das dem Gesalzenen durch sein Vorhandensein Geschmack gibt, vom Sauerteig, der Teig und Brot durchsäuert. Kurz gesagt: Christliches Dasein ist etwas, was von innen heraus, aus dem tiefsten Wesen das Menschliche durchdringt und umformt. Worum es geht, ist dies: das Suchen nach dem wahrhaft Menschlichen und der Versuch, dieses wahrhaft Menschliche zu verwirklichen, inspiriert durch Christus und in der Perspektive der endgültigen Vollendung des Menschen und der Welt in Christus. Die christliche Auffassung vom menschlichen Leben ist bestimmt durch das in Christus begründete Vertrauen, daß – trotz der Erfahrung der Ohnmacht gegenüber dem Übel und dem Bösen in der Welt – für den Menschen alles gut sein wird, sowohl für den einzelnen als auch für die menschliche Gemeinschaft. Die christliche Lebensdeutung ist also eine Daseinsinterpretation, eine fundamentale Aussage zu den Kernfragen des menschlichen Daseins (und damit auch zu der Welt, in der wir leben).

Deshalb kann die Verkündigung der christlichen Botschaft ein wertvoller Beitrag sein zu den gemeinsamen Versuchen, die Welt zu humanisieren. Noch bedeutsamer ist diese Botschaft aber für jene Situationen eines Menschenlebens, in denen die Frage nach dem Sinn des Lebens besonders dringend gestellt wird. Die Folgen des christlichen Menschenbildes für den fundamentalen ethischen Auftrag des Menschen lassen sich zusammenfassend vielleicht so formulieren:

Nach christlichem Verständnis bedeutet Menschsein zunächst einmal den Auftrag an den Menschen, vor allem selbst menschlicher zu werden, seine eigene Entwicklung zu mehr Menschwerdung und mehr Zusammengehörigkeit voranzutreiben.

Das ist die eigentliche Aufgabe allen menschlichen Tuns, in besonderer Weise aber der Auftrag aller Angehörigen ärztlicher, pflegerischer, sozialer und pastoraler Berufe. Dann bedeutet dieser Begriff auch den Auftrag an den Menschen, seine Umwelt menschlicher, bewohnbarer zu machen und sie so zu gestalten, daß darin der Mensch seiner Würde gemäß leben kann. Dieser Auftrag gilt für alle Gebiete des menschlichen Lebens; er umfaßt ebenso die Beherrschung der menschlichen Umwelt durch Wissenschaft und Technik wie auch das Bemühen um eine gesunde und von Gefährdungen möglichst freie Umwelt und, ganz vorrangig, die Sorge um den Notleidenden, um Kranke, Alte und sozial Schwache. Nach der Menschwerdung Gottes erhält alles, was durch Menschen für Menschen geschieht, die Dimension des Christlichen.

Was vom rein humanistischen Standpunkt über die fundamentalen ethischen Aufgaben gesagt worden ist, wird also aus der christlichen Daseinsinterpretation bestätigt und vertieft. Diese Vertiefung besteht, wie wir dargestellt haben, vor allem darin, daß der Christ sich bei seinen Versuchen, Mensch in Mitmenschlichkeit zu werden, vom Geist des Mensch gewordenen Gottessohnes inspirieren läßt; daß er hoffen darf, in dieser Humanisierung seiner selbst, seiner Mitmenschen und der Welt des Menschen Gottes Heil zu verwirklichen.

Zum Abschluß und zugleich als Übergang zu den folgenden Überlegungen möchte ich auf eine Aussage von Romano Guardini[6] hinweisen, wo er auf seine Art die weltliche Aufgabe des Menschen zusammenfaßt: »Es kann Gott nicht gleichgültig sein, was mit der von Ihm erschaffenen Welt geschieht. Er hat doch nicht die Welt geschaffen, und die Menschen in ihr, damit sie darin ihr Spiel hätten, wie Kinder auf einem Sandhaufen, gleich was dabei herauskommt, wenn sie nur brav bleiben! Die Werke der Menschen führen die Schöpfung im Raum der Freiheit fort, besonders auf der Ebene des Geistigen, des Sittlichen, der Gemeinschaft. Das ist dem Menschen übergeben, und soll von ihm recht getan werden. Gott will es, es ist seine Schöpfung, um die es sich handelt. Der Mensch soll also nicht nur brav bleiben, und im übrigen machen, was er will, sondern sein Werk richtig machen. Das ist das Gutsein, zu dem er gehalten ist, der Ernst des Werkes in der Welt: daß er Gottes Schöpfung recht verwalte und richtig fortführe.«

3.3. Christentum und ethischer Auftrag zur Humanisierung

Wenn wir diese grundsätzlichen Gedanken in eine ethische Aufgabe übersetzen, könnte man dies etwa so tun.

Wir haben die Ethik definiert als eine Besinnung auf Problemsituationen und auf die Normen, die in ihnen vorhanden sind oder als neu vorgestellt werden, die Bestimmung des Menschenbildes, die diesen Normen zugrunde liegt und in diesen Normen zum Ausdruck kommt, und die kritische Prüfung dieses Menschenbildes auf seinen humanen Charakter. Es ist klar, daß es gerade in dieser letzten Phase des ethischen Denkens um die Weltanschauung geht, und zwar insbesondere bei der Prüfung des Menschenbildes auf seine Echtheit hin. Das Christentum bietet zwar kein Menschenbild, das aprioristisch zur Prüfung von Normen bereit stände; es weist aber unstreitig auf einige Grundwerte hin, die von großem Einfluß sein können.

Einige Beispiele: etwa wenn es sich um die Achtung der Gewissensfreiheit, um die Schutzwürdigkeit wehrlosen Lebens, um den Sinn scheinbar unnützen Lebens handelt. Das Evangelium bietet vor allem Bausteine zur Bildung einer wahrhaft humanen Haltung, von der aus wir an die verschiedenen Problemsituationen herangehen müssen. Im Licht der christlichen Lebensanschauung hat der gläubige Mensch zwar ein bestimmtes Menschenbild und ein ethisches Ideal, aber kein Menschenbild und keine Ethik, in der alles wie auf einer Bauzeichnung bis in Einzelheiten vorgezeichnet und festgelegt wäre. Das Evangelium gibt eigentlich nur eine einzige fundamentale Bestimmung für ein normatives Menschenbild, und das ist die absolute Bezogenheit des Menschen auf seinen bedürftigen Mitmenschen, also eine absolute menschliche Solidarität. Was diese Mitmenschlichkeit als ethischen Auftrag konkret enthält, kann nur im Leben selbst deutlich werden. Will man daher von einer christlichen Ethik sprechen, dann wird sie eine Ethik wie jede humanistische Ethik sein müssen; jedoch mit dem Unterschied, daß die kritische Prüfung des Menschenbildes auf seine Echtheit von der christlichen Lebensanschauung und der in ihr gegebenen (aber auch sich entwickelnden) Anschauung vom Menschen geschieht. Dodd (1952) und Schillebeeckx (1964)[7] haben darauf hingewiesen, daß der Ursprung der christlichen Ethik in der Übernahme und Bejahung des Ethos aus der jüdisch-hellenistischen Kultur liegt. Die junge Kirche nahm (wenn auch kritisch) das allgemein-menschliche Bewußtsein jener Entwicklungsstufe an, die es in der damaligen Gesellschaft und Kultur besaß. Die ethischen Verhaltensregeln für viele mitmenschliche Beziehungen (Mann und Frau, Eltern und Kinder, Herren und Sklaven, Obrigkeit und Untertan) stammen aus den sogenannten »Hausspiegeln« der Volksethik. Im jüdischen Altertum waren diese Regeln eher religiöser Natur. Unter dem Einfluß der hellenistischen Kultur wurden sie säkularisiert, das heißt aus der menschlichen Natur begründet. Von der jungen Kirche wurden diese profan gewordenen Verhaltensregeln übernommen und von neuem religiös gefüllt, und zwar durch eine innere Motivierung aus der Botschaft des Evangeliums.

In dem, was man christliche Ethik nennt, mischen sich, von ihrem Ursprung her gesehen, stets evangelische Inspiration und kulturelle Errungenschaften. Oft ist sich die Glaubensgemeinschaft gar nicht bewußt, was darin genau dem einen oder dem anderen zugeschrieben werden muß. Das stört nicht weiter, wenn man diese ethische Überzeugung nicht als heilig und unveränderlich ansieht (in der Meinung, sie sei unmittelbarer Ausdruck des göttlichen Willens) und man die Bereitschaft zur Korrektur bewahrt, sofern Menschen- und Weltbild sich wandeln. Man denke etwa an die Geschichte der Sklaverei. Die christlichen Kirchen brauchten achtzehn Jahrhunderte, um einzusehen, daß die Sklaverei der Menschwürde des Evangeliums grundsätzlich widerspricht.

In späteren Epochen, besonders im letzten Jahrhundert, sehen wir jedoch eine Verabsolutierung ethischer Errungenschaften: Allzu leicht wurden die Prädikate absolut und göttlich bestimmten ethischen Forderungen zugesprochen, vor allem jenen, die in der katholischen Tradition Naturgesetze genannt wurden, sich aber nachträglich oft als Kulturgesetze erwiesen.

Die Kirche sollte sich davor hüten, den Menschen schwere ethische Normen aufzubürden, wenn sie nicht ganz sicher ist, daß diese nicht durch irgendein Moralsystem, sondern durch Gott selbst den Menschen auferlegt werden. Zumindest sollte die Geschichte der christlichen Ethik uns gelehrt haben, daß es gefährlich ist, durch ein kirchliches Moralsystem im Leben des einzelnen und der Gesellschaft Heil und Unheil festlegen zu wollen. Gebote sind nie unmittelbare Offenbarung und unmittelbarer Ausdruck des Willens Gottes. Sie können als solche nur von dem ehrlichen, nach Wahrheit suchenden Gewissen gehört und verstanden werden, das seine Stütze im Glauben und ethischen Bewußtsein der Glaubensgemeinschaft findet. Die Gläubigen werden aber gemeinsam mit allen anderen Menschen über ihren Auftrag zur Humanisierung der menschlichen Welt nachdenken und an dieser arbeiten müssen. Das muß eine wirkliche und ehrliche Zusammenarbeit sein. Damit will ich sagen, daß der Christ nicht so tun darf, als denke er mit den Andersdenkenden und mache sich mit ihnen auf den Weg, um eine richtige Antwort zu finden, obwohl er von vornherein diese Antwort schon in der Tasche hat.[8]

Christliche Ethik verdient diesen Namen nur dann, wenn es in ihr Offenheit und Bereitschaft gibt, die Offenbarung Gottes und sein Heil überall dort zu hören, wo sie zu hören sind. In der Überzeugung, daß nur dort Gottes Offenbarung und

Heil sein können, wo sich wahre Menschlichkeit findet, wird die christliche Ethik auf all das hören und mit all dem in einen ehrlichen Dialog treten müssen, was sich an menschlicher Integrität im weltlichen Ethos findet. So gesehen glaube ich sagen zu dürfen, daß jede wahrhaft humane weltliche Ethik Fundort christlicher Ethik und Offenbarung Gottes sein kann.

3.4. Konsequenzen für die Sorge um den kranken Menschen

Wenn man auf die vorausgegangenen Überlegungen zurückblickt, stellt sich unwiderruflich die Frage, was es in concreto bedeutet, daß ein Krankenhaus, Pflegeheim oder Altersheim katholisch bzw. evangelisch ist, und was es bedeutet, als Christ in einem solchen Haus zu arbeiten?
Wir wollen diesen beiden Fragen unsere Aufmerksamkeit widmen.[9]
Der katholische Charakter eines Hauses bedeutet natürlich nicht, daß es sich da um eine andere Humanität handelt, sondern um eine Humanität aus einer tieferen Motivation und in der Perspektive des Heils. Die Verwirklichung der Humanität muß also in einem christlichen Haus oder Heim um so mehr angepackt werden. Das könnte im Alltag folgendes bedeuten:
Zunächst einmal, den Kranken davor bewahren, daß er zum bloßen Objekt medizinischen Handelns oder pflegerischen Tuns wird. Man kann ja nicht leugnen, daß heute die Humanität in den Krankenhäusern besonders bedroht wird durch den betriebsmäßigen Charakter, durch das Instrumentarium, durch die vielen Möglichkeiten, das Leben zu erhalten bzw. das Sterben zu verlängern, durch die hierarchischen Strukturen und das Fehlen wirklicher Zusammenarbeit.

Ein katholisches oder evangelisches Krankenhaus müßte gerade dadurch geprägt sein, daß die Sorge um eine humane Behandlung und eine menschliche Pflege und Betreuung möglichst weitgehend realisiert werden.

Die christliche Signatur sollte auch dazu führen, daß eine Atmosphäre herrscht, in der die Menschenwürde des Kranken respektiert wird, damit er nach Möglichkeit er selbst sein kann. Ein wesentliches Merkmal eines christlichen Hauses soll darin bestehen, daß dem Kranken oder dem Alten nicht nur fachtechnisch perfekt geholfen wird, sondern daß ihm die menschliche Begleitung, die er braucht, tatsächlich angeboten wird. Damit sind wir bei dem springenden Punkt: »Das« Krankenhaus oder »das« Heim gibt es ja eigentlich gar nicht. Es gibt nur Menschen, die in einer solchen Einrichtung arbeiten. Ich bin der Überzeugung, daß sie von ihrer christlichen Weltanschauung her grundsätzlich mehr Möglichkeiten haben, die Lebenshilfe anzubieten, wozu sie von ihrem Beruf her schon beauftragt sind. Der Glaube an Jesus und sein Evangelium kann ja eine stärkere Motivation schaffen und eine größere innere Kraft schenken, den kranken Mitmenschen christlich, also wirklich menschlich zu pflegen. Nach der Menschwerdung Gottes kann man sagen, daß »das Christliche« an sich eigentlich nicht existiert. Das Christliche kann nur in Menschengestalt verkündet und verwirklicht werden.

Vom Glauben an die Menschwerdung Gottes her gesehen dürfen wir glauben, daß wir in der Erfüllung unserer Aufgabe zur Humanisierung der Welt zugleich Gottes Heil verwirklichen. Das bedeutet ganz konkret, daß nur dann von einer christlichen Krankenpflege gesprochen werden darf, wenn und insofern diese Pflege eine wahrhaft menschliche Pflege ist.

Für den gläubigen Menschen gibt es grundsätzlich keine Scheidung mehr zwischen Übernatur und Natur, zwischen christlich und menschlich, zwischen Himmel und Erde.

Es ist denn auch nicht so, daß wir später den Himmel als Belohnung für unser tugendhaftes Handeln geschenkt bekommen oder die Hölle als Strafe für sündhafte Werke. Wir sollten das eher so verstehen, daß wir durch die Liebe zum Mitmenschen und zu Gott auf der Erde allmählich unseren Himmel – das heißt unser Glück in der Gemeinsamkeit mit Menschen und Gott – verwirklichen. Oder daß wir (was Gott verhüte!) durch die schließlich endgültige Verweigerung der Nächstenliebe unsere Hölle – unsere totale Vereinsamung – verwirklichen. Denn von Gott und allen liebenden Menschen verlassen sein ist das Schlimmste, das ein Mensch erleben kann.

3.5. Die Vollendung der Liebe

Aber gibt es denn keinen wirklichen Himmel, so wie wir immer gelernt haben? Oder wollen wir nur an einen Himmel glauben, um uns über die Widrigkeiten des irdischen Lebens hinwegzutrösten? Ist dieser Glaube eine Illusion? Sehr viele Menschen wollen und können zwar glauben, daß es ein Weiterleben nach dem Tod gibt; sie haben aber Schwierigkeiten mit der Frage, wie man sich dieses Leben vorstellen muß. Zum Abschluß will ich versuchen, eine mögliche Antwort auf diese Frage anzubieten, und zwar vom menschlichen Leben her.[10]

Weil Gott dem Menschensohn Jesus bis über seinen Tod hinaus treu war, glaube ich, daß er auch uns über unseren Tod hinaus treu sein und uns zum Leben erwecken wird. Über dieses Leben wird in der Schrift manches gesagt, wovon die folgenden beiden Punkte die wichtigsten sind: Es wird ein Leben bei den anderen und mit ihnen bei Gott sein, und es wird ferner ein Leben des Glücks sein. Auf den ersten Blick scheinen diese beiden Dinge isoliert nebeneinander zu stehen. Bei näherem Zusehen zeigt sich aber, daß sie so eng miteinander verknüpft sind, daß sie nicht einmal unabhängig voneinander bestehen können. Warum nicht? Im Leben eines jeden Menschen gibt es Momente, in denen er intensiv glücklich ist. Wenn wir über die Art dieses Glücks tiefer nachdenken, kommen wir zu der Entdeckung, daß das Glück des anderen damit etwas oder, richtiger, alles zu tun hat. Es waren nämlich nicht die Gelegenheiten, in denen wir egoistisch von einem anderen profitierten. Damit sind jene Glücksmomente in unserem Leben gemeint, in denen wir aus einer ehrlichen Lebenshaltung heraus einen anderen (oder andere) wirklich zutiefst glücklich gemacht und dadurch selbst auch eine tiefe Glückserfahrung erlebt haben. In diesen Situationen kommen die eigene Glückserfahrung und das Bei-dem-anderen-Sein zusammen; außerdem wissen wir, daß Gott dort nahe ist, wo wirkliche Liebe da ist. Das Weiterleben kann daher für mein Empfinden nichts anderes sein, als in der gleichen Art »weiterleben«, wie wir es in den besten Augenblicken unseres jetzigen Daseins erlebt haben. Es ist deshalb nicht so, daß wir sofort nach dem Tod den Himmel als Belohnung für die guten Werke erhalten, die wir getan haben. In unseren ehrlichen Versuchen, die Mitmenschen aus einer dem Evangelium entsprechenden Bereitschaft zur Liebe glücklich zu machen, verwirklichen wir jetzt unseren Himmel und dürfen darauf vertrauen, daß Gott, der uns darin jetzt nahe ist, uns über den Tod hinaus treu bleiben wird. Die Fragen, die dann noch im Zusammenhang mit dem Wie dieses Weiterlebens bleiben, verlieren viel von ihrem beunruhigenden Charakter. Ich denke dabei an konkrete Fragen wie: Wird man die anderen vermissen? Wie wird es mit unserem Leib sein? Wird dieses Glück immer dauern? Die Bedeutung derartiger Fragen wird dann meines Erachtens stark relativiert, wie wir das aus der Erfahrung der Glücksmomente wissen, die wir jetzt erleben dürfen: In der Glückserfahrung selbst drängen sich keine Fragen über andere auf; einmal zu dem Erlebnis der Einheit miteinander auf der persönlichen Ebene gekommen, wird der Leib unwichtig, selbst wenn der Weg zu diesem Höhepunkt der Liebeseinheit über den leiblichen Kontakt geführt hat; in der Glückserfahrung selbst verliert sich das Bewußtsein von Zeit und allem, was damit zusammenhängt. Derartige Fragen kommen erst dann wieder, wenn wir wieder »auf die Erde zurückgekehrt« sind. Deshalb bin ich eigentlich geneigt zu sagen, daß diese Fragen im Weiterleben nicht nur relativiert werden, sondern ganz wegfallen. Diese Auffassung vom Weiterleben nach dem Tod als einer Fortsetzung unserer Glückserfahrung im Glücklichmachen des anderen hat selbstverständlich nur einen persönlichen, also relativen Wert. Es scheint mir aber, daß diese Auffassung die Möglichkeit gibt, das Wie denkbar und die noch bleibenden Fragen weniger drängend zu machen.

3.6. Zum Abschluß

Nun aber wieder zurück zu unserem eigentlichen Thema. Hoffentlich ist ein wenig klargeworden, wie eng die christliche Botschaft und die Humanisierung der Welt miteinander verbunden sind. Der Inhalt des Auftrags zur Humanisierung der Welt kann für uns deutlicher werden, wenn wir etwas genauer betrachten, wie der Menschensohn Jesus seine Aufgabe in der Welt verstanden und verwirklicht hat.

4. Jesus – Mensch für andere Menschen

4.1. Einführung

Der Titel dieses Kapitels ist so klar und einfach, daß man nicht einmal weiß, was man damit anfangen soll. Soll das eine Predigt werden? Eine Meditation vielleicht? Oder doch eher eine theologische Abhandlung über die heutige Christologie bzw. Jesulogie? Es scheint mir, damit wäre unserem Anliegen nicht gedient. Ich verweise dafür auf die Bücher »Grundkurs des Glaubens« von Karl Rahner[11] und »Jesus« von Edward Schillebeeckx[12].

Hier sollten wir lieber versuchen, miteinander nachzudenken über Jesus vor dem Hintergrund unserer – schon genannten – Aufgabe zur Humanisierung der Welt im Licht des Glaubens.

Wer nach Jesus fragt, fragt nach Gott und fragt nach dem Menschen. In den Versuchen, auszusagen, wer Jesus ist, wird gesprochen von Gottessohn und von Menschensohn, weil es sich um die Menschwerdung Gottes handelt. Wir werden an diesem Zusammenhang nicht vorbeigehen können. Wer nach Jesus fragt und fragt, wer Jesus ist, fragt gleichzeitig danach, was er für uns bedeutet. Diese Aspekte sind so sehr miteinander verbunden, daß man sie nur in sehr theoretischen Überlegungen trennen kann.

So werde ich zunächst einmal kurz skizzieren, wer Jesus nach dem Evangelium ist. Danach werden wir die Frage nach dem Verhältnis zwischen unserem Glauben an Gott und unserem Glauben an Jesus angehen. Dieses Problem möchte ich mit

Hilfe eines Märchens zu lösen versuchen. Die Frage, was Jesus für uns, also für meinen Mitmenschen und mich, bedeutet, möchte ich beantworten mit Hilfe verschiedener Aussagen, die in Gesprächen über diese Frage gemacht wurden. Abschließend möchte ich anhand von Lukas 24 (die Emmausjünger) erläutern, was wir in der Nachfolge Jesu anderen Menschen bedeuten können.

4.2. Jesus: Angelpunkt der Heilsgeschichte

Wenn wir den Versuch unternehmen auszusagen, was vielleicht charakteristisch für Jesus ist, dann können wir das nur im Licht der Heilsgeschichte tun. In dieser Heilsgeschichte erscheint uns Jesus als der Angelpunkt und der Höhepunkt des Heiles Gottes in der Welt. Am klarsten wird das zusammengefaßt im Hebräerbrief: »In den vergangenen Zeiten hat Gott vielmals und auf vielerlei Weise zu den Vätern gesprochen durch die Propheten. Jetzt aber, am Ende dieser Tage, hat er zu uns gesprochen durch seinen Sohn ... Er ist der Abglanz seiner Herrlichkeit und das Gepräge seines Wesens.«

Und ergänzend sagt Johannes: »Im Anfang war das Wort, und das Wort war bei Gott. Das Wort, das die Welt erschuf, war Gott selbst: Jesus Christus war Gottes wirkendes Wort ... Und das Wort wurde ein Mensch, ein Mensch dieser Erde, und wohnte unter uns, und wir haben seine Herrlichkeit gesehen, den Lichtglanz des einzigen Sohnes Gottes.«

In Jesus ist deutlich geworden, was Gott mit uns vorhat: Er gibt uns seine Liebe, damit wir diese Liebe unseren Mitmenschen und ihm zurückgeben. Die Tatsache, daß Gott seinem Sohn bis über den Tod hinaus treu geblieben ist, ist für uns ein Zeichen dafür, daß er auch uns treu sein wird, vorausgesetzt, wir hören auf sein Wort. Diese Tatsache ist zugleich der Grund unserer Hoffnung.

Das Leben und Sterben Jesu wird für den Gläubigen eine Einladung, ein Auftrag und sogar eine Aufforderung, unabdingbar auf Gottes Treue zu vertrauen, und zwar wegen der Treue, die Gott Jesus bezeigt hat. Das hindert aber nicht, daß das Leben und Sterben doch den Charakter einer Hingabe und sogar eines Wagnisses behält. Der Glaube an Gott und Jesus mildert aber das Beängstigende, das jeder Hingabe, sowohl an das Leben und die Liebe als auch an das Sterben, hat.

Jesus ist der Weg von Gott zu uns und zugleich der Weg von uns zu Gott. Aber dann stehen wir doch vor der Frage, die von den Jüngern des Johannes an Jesus gestellt wurde: »Bist du der, den Gott uns versprochen hat?« Und Jesus antwortete: »Geht hin und berichtet Johannes, was ihr hört und seht . . .« Es war aber weder für die Jünger des Johannes und Jesu noch für die Christen im Lauf der Geschichte eine einfache Angelegenheit, wirklich zu verstehen, wer Jesus nun eigentlich ist. In der heutigen Theologie über Jesus gibt es im großen und ganzen drei verschiedene Ansichten. Für manche Christen war Jesus der große Mystiker. Für andere war Jesus der Mensch, der sich rückhaltlos für seine Mitmenschen eingesetzt hat. Für wieder andere war er der große Revolutionär, der sehr kritisch seinen Standort gegenüber den sozialen Strukturen der Gesellschaft bestimmt hat.

Vor diesem Hintergrund kann man heute zwei Denkrichtungen unterscheiden: Zunächst einmal die religiöse Richtung, nach der Jesus wesentlich als der Mensch des Gebets und der Liebe gilt. Zweitens die revolutionäre Richtung, nach der Jesus viel eher als das Vorbild eines Revolutionärs dargestellt wird. Es ist aber nicht so, als ständen diese beiden Auffassungen grundsätzlich miteinander in Widerspruch. Es scheint möglich, beide Richtungen zusammenzubringen durch eine erneute Untersuchung der Frage, was es bedeutet, daß der historische Jesus Gottessohn und Menschensohn ist.

Bei unseren Überlegungen müssen wir davon ausgehen, daß wir nach dem Glauben Gott letztlich nur in und durch Jesus kennen. Man kann vielleicht sagen: Jesus ist die beste weltliche Übersetzung von Gott. Er ist im Neuen Testament die beste Übersetzung von Dem, dessen Urtext wir nicht haben. Dieser Urtext ist Gott selbst. Er ist für uns nicht auf direkte Art erkennbar, sondern nur in der weltlichen Übersetzung, dem Mensch gewordenen Gottessohn. Wenn wir also entdecken wollen, was dieser göttliche Urtext bedeutet, dann müssen wir dessen weltliche Übersetzung studieren.

Weil Gott sich in der Menschengestalt Jesu offenbart, werden wir unsere ganze Aufmerksamkeit vor allem auf den Menschensohn Jesus richten müssen. Wir dürfen uns nicht begnügen mit der Aussage: »Jesus ist Gottessohn«. Dieses Wort müßte zu einem leeren Begriff werden, wenn wir nicht zuvor ausgesagt hätten: »Jesus ist der Menschensohn«. In unserer Begegnung mit dem Menschensohn erkennen wir den Gottessohn und in ihm Gott.

In der Praxis des täglichen Lebens ist es aber nicht so einfach zu verstehen, wer Jesus und wer Gott ist. Wie schwierig das alles sein kann, wird ganz deutlich in dem Märchen von dem Menschen, der endlich Klarheit haben wollte sowohl über Gott als auch über Jesus.[13]

4.3. Das Märchen von dem Menschen, der Gott sehen wollte

Es war einmal ein Mensch – man könnte auch sagen *der* Mensch –, der seine Glaubensprobleme hatte. Und er redete mit seinem Freund über die Frage, ob es Gott überhaupt gebe und, wenn ja, ob man mit ihm, Gott, sprechen könne. Das

Gespräch mit seinem Freund lief nicht so gut, weil dieser Freund dem anderen eigentlich nicht zuhörte. Alsdann ist der Mensch hinausgegangen zu einem Spaziergang. Er wanderte hinaus in die freie Natur. Und als er so ruhig daherging, sah er die Wiese mit den schönen, blühenden Blumen, die Sträucher, die Bäume, den See und die Berge am Horizont. Das hat ihm so gut getan, daß er wieder ruhiger wurde. Es überfiel ihn sogar ein religiöses Gefühl, und er bekam Sehnsucht nach Gott.

Und dann ist er mitten in einer Wiese stehengeblieben, hat in die Luft gerufen und gesagt: »Gott, alles, was ich hier sehe, ist wunderschön und beeindruckt mich sehr. Man sagt mir, du habest dies alles geschaffen. Darum möchte ich dich bitten, daß du dich einmal sehen läßt, das heißt, falls du überhaupt existierst. Also ich möchte dich gern sehen und – wenn möglich – einmal mit dir reden.« Das Unglaubliche geschah: Gott antwortete ihm. Er sagte zu dem Menschen: »Ich höre, daß du mich rufst, und ich möchte auch recht gern auf deine Bitte eingehen, aber das geht leider nicht, denn ich bin zu groß für dich. Deshalb kannst du mich nicht sehen.«

Da sagte der Mensch: »Das kann ich verstehen; einen hohen Turm kann ich ja auch nicht sehen, wenn ich mit meiner Nase vor der Mauer dieses Turms stehe. Also, lieber Gott, dann trete ich etwas weiter zurück, dann kann ich dich doch sehen, wenn du auch groß bist.«

»Das wird dir nicht viel nützen«, sagte Gott.

»Na gut«, sagte der Mensch, »dann trete ich eben noch weiter zurück.«

Und Gott, der ein sehr geduldiger Gott ist, sagte: »Wenn du zu weit von mir weggehst, dann gibt es dich überhaupt nicht mehr; denn als Mensch existieren ist nur möglich, wenn du in meiner Nähe bleibst.«

Da hat der Mensch angefangen, starrköpfig zu werden, und wiederholte: »Und trotzdem möchte ich dich gern sehen.«

Und Gott hat ihm gesagt: »Gut, ich will versuchen, mich von dir sehen zu lassen. Aber ich warne dich: Schließe deine Augen und sichere sie ab mit deinen Armen, denn wenn du mich so direkt ansehen würdest, würdest du erblinden.«

»Lieber Gott, ich werde tun, was du willst, wenn ich dich nur sehen darf«, sagte der Mensch.

»Also gut«, sagte Gott, »tu, was ich dir gesagt habe.«

Der Mensch hat seine Augen geschlossen und mit seinem Arm bedeckt. Und dann ist es plötzlich sehr hell geworden, und er hat nicht nur das gesehen, was er immer schon gesehen hatte, sondern auch die innere Struktur von all dem, was es auf der Erde gibt: Die Struktur, die ungeheure Kraft des Atoms, den Zusammenhang, kurz alles, was im Tiefsten der Natur und des Lebens zu entdecken ist. Und darin sah er, wie in einem Spiegel, Gott selbst.

Das alles hat den Menschen tief beeindruckt, und es hat sehr lange gedauert, bis er wieder zu sich kam. Und als er seine Augen öffnete, sah er die Wiese mit den schönen, blühenden Blumen, die Sträucher, die Bäume, den See und die Berge am Horizont. Er sagte: »Lieber Gott, ich danke dir, daß ich das alles sehen durfte. Aber weißt du: dich habe ich immer noch nicht gesehen! Ich sah dich ja nur wie im Spiegel. Aber gerade weil das so unglaublich schön war, verlange ich noch viel mehr, dich selbst zu sehen. Bitte!«

Und Gott, der – wie ich schon sagte – ein sehr geduldiger Gott ist, antwortete: »Ich möchte dir ja gern diesen Gefallen tun, aber das geht nicht. Vielleicht könnte ich etwas anderes für dich tun. Wenn ich zu dir spreche, bist du dann zufrieden?«

»Na gut«, sagte der Mensch, »das ist zwar nicht das, was ich gemeint habe, aber das könnte ich annehmen.«

Da sagte Gott zu ihm: »Dann halte deine Ohren fest zu und schütze sie mit deinen Händen, dann werde ich zu dir sprechen.«

Und der Mensch hat seine Ohren zugehalten und den Kopf zwischen die Knie genommen. Und dann ist Gottes Stimme wie ein furchtbarer Donnerschlag von den Bergen gekommen. Aber weil der Mensch die Ohren zugehalten hatte, hörte er nur ein Geflüster. Und in diesem Geflüster hörte er, daß Gott ihm sagte: »Ich habe dich lieb.«

Diese Aussage hat den Menschen so tief ins Herz getroffen, daß er außer sich geraten ist und daß er hingerissen wurde von der inneren Kraft der Liebe. Er lernte in einem einzigen Augenblick die Liebe kennen und erfuhr, daß seine Liebe so stark zu sein vermochte, daß sie nicht nur glücklich machte, sondern auch neues Leben hervorrufen konnte.

Weil er so mitgenommen wurde von diesem Erlebnis, dauerte es sehr lange, bevor er wieder zu sich kam. Als er seine Augen und Ohren wieder geöffnet hatte, sah er die Wiese und die blühenden Blumen, die Sträucher, die Bäume, den See und die Berge am Horizont. Und er hörte das sanfte Rauschen des Frühlingswindes. Da sagte er zu Gott: »Mein Gott, das war großartig von dir, daß du mir gesagt hast, du liebst mich, und besonders, daß du mir die Erfahrung der Liebe geschenkt hast, durch die ich so total ich selbst wurde. Aber lieber Gott, wenn du alles ganz ehrlich betrachtest, dann wirst du mir doch zugestehen müssen, daß es schließlich mein Verstand war, der die innere Struktur der Dinge durchschaute, und daß es schließlich mein Herz war, das liebte und geliebt wurde. Und deshalb möchte ich dich doch darum bitten, daß ich dich sehen darf.«

Und Gott, der – wie ich schon sagte – ein außerordentlich geduldiger Gott ist, antwortete: »Weil du doch nicht aufhören wirst zu fragen, ob du mich sehen darfst, werde ich es noch einmal mit dir versuchen. Aber jetzt mußt du deine Augen, deine Ohren und dein Herz weit öffnen und aufrichtig zusehen, zuhören und fühlen!«

Der Mensch sagte: »Ich danke dir, lieber Gott, daß du so

freundlich zu mir bist«, und dann wartete er darauf, was geschehen würde.

Und siehe, da kam ein Mensch, der hieß Jesus von Nazaret. Dieser Jesus sagte: »Ich bin Gottes Sohn; wer mich sieht und hört, sieht und hört Gott, meinen Vater, von dem ich gesandt wurde.« Und auch: »Ich bin der Menschensohn, einer von euch, und lebe euch die Liebe vor.«

Der Mensch hat sich dann einmal genau angesehen, was dieser Jesus so alles tat, und hat erstaunt gesagt: »Ja, was der sagt, das stimmt. Er ist Gott, ich sehe das jetzt. Und ich höre Gott, der zu mir spricht.« Im nächsten Moment aber dachte er: »Ich bin ja wohl verrückt, das kann nicht wahr sein! Er ist eben ein Mensch, so wie ich und die anderen.« Und er hat die Achseln gezuckt, ist zu seinem Freund gegangen und hat zu ihm gesagt: »Hör mal, mit dir war schon nicht zu reden, aber mit Gott, das ist noch viel schlimmer. Mit dem kann man ja überhaupt nicht reden, denn der tut ja nie, worum man ihn bittet!«

Das ist das Märchen vom Menschen, der Gott sehen wollte. Und die Moral dieses Märchens: Wenn wir erfahren wollen, wer Jesus und wer Gott ist, dann werden wir überall dort zuhören und zusehen müssen, wo und wie Gott zu uns spricht: durch die Schöpfung, durch alle Menschen, die guten Willens sind, durch die Geschichte des Heils, durch Jesus. Das setzt voraus, daß wir unsere vorgefaßten Meinungen (durch die wir ja von vornherein die Antwort, die wir hören wollen, festlegen) aufgeben. Wirklich zusehen und zuhören setzt voraus, daß wir mit offenen Herzen dem Leben, dem anderen Menschen, Jesus und Gott entgegengehen.

4.5. Die wesentliche Bedeutung Jesu: Mensch für andere Menschen

Wenn wir so zusehen und zuhören, wer Jesus ist, dann treten bestimmte wesentliche Aspekte in den Vordergrund. Versuchen wir, diese zusammenzufassen, dann können wir vielleicht sagen: Jesus ist der Mensch gewordene Gott, die von Gott angebotene Liebe selbst und damit zugleich Einladung zur Weitergabe dieser Liebe, und zwar in der konkreten Gestalt der Nächstenliebe. Und wenn man erfahren will, was Jesus für uns bedeutet und welche Konsequenzen das für unser Leben hat, dann hört man stets dieses Leitmotiv ›Mensch für andere Menschen‹, obwohl es darin für jeden einzelnen Menschen bestimmte Nuancen gibt. Ich möchte nur einige persönliche Zeugnisse anführen. Diese Zeugnisse habe ich in Gesprächen mit Menschen gesammelt, die mehr oder weniger an Jesus glauben.

1. »Der Glaube an Jesus, so wie ich ihn bei den Christen erfahre, ist für mich eine reine Illusion; für mich ist Jesus nicht mehr als ein außerordentlicher Mensch, der wirklich der Mühe wert ist, daß man einmal zusieht, wie er sich den Menschen gegenüber verhalten hat.«

2. »Für mich ist er eine ziemlich vage Gestalt. Ich kenne ihn ja nur durch die Zeugnisse der Jünger und weiß nicht genau, ob das alles wahr ist. Es gibt außerdem noch andere, sehr große Gestalten.«

3. »In meinem alltäglichen Leben bedeutet er mir eigentlich nicht soviel, aber ich hoffe, daß ich etwas mehr in ihm finden kann, wenn ich ihn brauche, besonders in Situationen, in denen eigentlich alles aussichtslos geworden ist.«

4. »Für mich ist Jesus der Beweis, daß es einen Gott gibt; besonders in schwierigen Situationen bietet er mir einen Halt.«

5. »Jesus ist für mich der Grund, auf den ich meinen Glauben

an Gott und an ein Weiterleben nach dem Tod stütze.«

6. »Er ist für mich das Urbild des menschlichen Verhaltens den anderen Menschen gegenüber.«

7. »Jesus ist für mich einerseits der menschgewordene Gott, anderseits die Personifikation von all dem, was wahrhaft menschlich ist, besonders im Hinblick auf den Mitmenschen.«

8. »Jesus ist für mich wie ein Freund. Aus meiner Beziehung zu ihm gewinne ich die innere Motivation, mich für den Mitmenschen rückhaltlos einzusetzen, und bilde ich meine Grundhaltung, aus der ich versuche, den Weg durchs Leben zu finden.«

9. »Durch Jesus und durch das, was er gesagt und getan hat, geht mir in schwierigen Situationen manchmal auf, für welche Richtung ich mich entscheiden muß.«

10. »Mein Glaube an und meine Beziehung zu Jesus bedeuten für mich, daß ich die von Gott in Jesus angebotene Liebe mit meiner Liebe beantworten muß. Jesus bedeutet deshalb eine Aufforderung, daß Gottes Liebe in meiner Liebe immer wieder ›Mensch‹ bzw. ›menschliche Liebe‹ werden kann und soll.«

In der Mehrheit dieser Zeugnisse tritt deutlich zutage, was wir vom Glauben her wissen: Jesus lebt bei seinem Vater, aber auch unter uns. Zunächst einmal durch seinen heiligen Geist, den er uns gesandt hat, und weiter in der Gemeinschaft der Christusgläubigen, in den Sakramenten, in dem einzelnen, gläubigen Menschen.

Jesus lebt nicht mehr unter uns in der Menschengestalt des Jesus von Nazaret, sondern in vielfacher Menschengestalt. Sein Geist und deshalb er selbst offenbart sich am deutlichsten in der Haltung und in dem Verhalten gegenüber dem Mitmenschen. An Jesus glauben heißt darum unwiderruflich: bereit sein, wirklich Mensch für andere Menschen zu sein.

4.6. Mensch für andere Menschen sein bedeutet: Weggefährte sein

Zum Abschluß unserer Überlegungen müssen wir auf diesen Auftrag: Mensch für andere Menschen zu sein, noch näher eingehen. Dabei wird sich herausstellen, daß wir bei der konkreten »Übersetzung« dieser Aufgabe für das tägliche Leben zugleich wieder den Begriff »Lebenshilfe« gebrauchen können. Es wurde ja schon gesagt, daß Lebenshilfe letztlich bedeutet: dem anderen Menschen so nahe und so behilflich sein, daß er sein eigenes Leben selbst zu leben vermag. Lebenshilfe bedeutet also: den anderen auf seinem Lebensweg begleiten.

Das Urbild einer solchen Begleitung findet sich im Lukas-Evangelium (24,13–34), in dem bekannten Bericht von den beiden Emmaus-Jüngern, zu denen sich der auferstandene Jesus auf dem Weg gesellt. Hier wird deutlich, wie Jesus mit den Menschen unterwegs war und ihnen geholfen hat, ihre Existenzprobleme zu bewältigen.

4.6.1. Die Emmausjünger: Lukas 24,13–35

Noch mehr geschah an diesem Tag. Zwei aus dem Kreis der Freunde wanderten nach Emmaus, das man von Jerusalem aus in einer Stunde zu Fuß erreichte, und redeten miteinander über alles, was geschehen war. Während sie so miteinander sprachen und rätselten, näherte sich Jesus und gesellte sich zu ihnen. Sie aber erkannten ihn nicht, ihre Augen war wie zugehalten. »Was sind das für Geschichten, die ihr auf eurem Weg beredet?« fragte sie Jesus. Da blieben sie traurig und verdrossen stehen, und der eine, der Kleophas hieß, entgegnete: »Du bist wohl der einzige unter den Fremden in Jerusalem, der nicht weiß, was in den letzten Tagen drüben geschehen ist?« »Was war das?« fragte Jesus.

»Das mit Jesus von Nazaret«, erwiderten sie, »der ein großer, gewaltiger Prophet war. In Wort und Werk hat er vor Gott und den Menschen unerhörte Dinge getan. Den haben unsere Priester und Machthaber zum Tod verurteilt und gekreuzigt! Und wir hatten gehofft, er sei der, der kommen werde, Israel zu befreien. Vorgestern ist es geschehen. Aber nun haben uns ein paar Frauen aus unserem Kreis erschreckt. Heute morgen waren sie am Grab, fanden seinen Leib nicht und kamen mit der Nachricht zurück: Wir haben Engel gesehen! Die haben uns gesagt, er lebe! Da gingen einige andere von uns an das Grab und fanden alles so, wie die Frauen gesagt hatten. Ihn selber aber sahen sie nicht.«

»Warum versteht ihr so wenig?« entgegnete Jesus. »Warum braucht ihr so lange, um zu begreifen, was die Propheten längst gesagt haben? Gott wollte es! Christus mußte all das leiden und von diesen Leiden aus seine Macht, seine Herrlichkeit gewinnen.« Und er fing an, zu erzählen und zu erklären, was in den Büchern des Alten Testaments bei Mose und den Propheten über ihn geschrieben sei. Mittlerweile näherten sie sich dem Dorf, und er tat so, als wolle er weitergehen. Sie baten ihn aber dringend: »Bleibe bei uns! Es ist Abend, bald wird es dunkel sein!« So ging er mit ihnen in ihr Haus und blieb bei ihnen.

Da geschah es: Während er mit ihnen zu Tisch lag, nahm er das Brot sprach das Dankgebet, brach das Brot und gab es ihnen. Da fiel es wie Schuppen von ihren Augen, und sie erkannten ihn. Er aber verschwand vor ihnen. Wir haben es doch gespürt! durchfuhr es sie. Und sie bestätigten einander: Unser Herz brannte doch in uns, während er an unserer Seite ging und uns das Wort der Schrift erklärte!

Noch am Abend, in derselben Stunde, brachen sie auf und kehrten nach Jerusalem zurück. Dort fanden sie die elf Jünger und den Kreis der Freunde versammelt. Die riefen ihnen entgegen: »Es ist wahr! Der Herr ist auferstanden! Simon hat ihn gesehen!« Dann berichteten sie selbst, was auf dem Weg geschehen war und wie sie ihn an der Art, in der er das Brot brach, erkannt hatten.

4.6.2. Kurze Betrachtung

Wir wollen die wichtigsten Aussagen etwas näher betrachten.

1. Die Situation: Zwei Jünger waren unterwegs; »sie sprachen und rätselten miteinander über alles, was geschehen war«.

2. Während sie so versuchten, ihre Probleme zu bewältigen, »näherte sich Jesus und gesellte sich zu ihnen«. Jesus geht also den Weg der beiden Jünger mit.

3. Weil »sie traurig und verdrossen waren«, fragte Jesus, was sie denn erlebt hätten: Er holt sie dort ab, wo sie stehen, er macht ihre Probleme zu seinem Problem.

4. Der Tod Jesu hatte bei den Jüngern eine schwere Krise ausgelöst, denn sie »hatten gehofft, er sei der, der kommen werde, Israel zu befreien«. Nun aber haben ihn die Menschen getötet, und damit ist auch ihre Hoffnung gestorben. Zwar waren sie davon aufgeschreckt worden, was einige Frauen über das leere Grab berichtet hatten und über einen Engel, der gesagt habe, Jesus lebe. Das mit dem Grab erwies sich als richtig, »aber ihn selbst sahen sie nicht«. Alle ihre Hoffnung auf die Zukunft war also zunichte.

5. Nachdem Jesus intensiv zugehört hatte, begann er behutsam zu erklären, wie all das, was geschehen war und was sie erlebt hatten, von der Heilsbotschaft her einen tieferen Sinn hatte. Er fing also an zu predigen, aber er ging dabei von den Ansatzpunkten im Leber seiner Zuhörer aus.

6. Nachdem sie ihn gebeten hatten: »Bleibe bei uns, es wird bald dunkel sein«, blieb er bei ihnen; dann vollendete er ihr Zusammensein und das Gespräch in der Feier des Sakramentes der Eucharistie, in dem das Zusammensein gläubiger Menschen symbolisiert und verwirklicht wird.

Für den gläubigen Christen ist der Mensch gewordene Sohn Gottes, Jesus von Nazaret, das Ur- und Vorbild aller Menschlichkeit und Mitmenschlichkeit. In seiner Begegnung mit den Männern von Emmaus wird deutlich, nicht in theoretischer Überlegung, sondern in praktischem Tun, wie unsere Aufgabe den Mitmenschen gegenüber konkret verwirklicht werden kann: Wir sind die Weggefährten unserer Mitmenschen, wenigstens ein Stück weit, der gleichen Last und Hitze des Tages ausgesetzt wie sie.

Wir sollen Hörende werden, aufmerksam für das, was im Leben unserer Mitmenschen geschieht und für sie wichtig ist; zusammen mit ihnen suchen wir nach dem tieferen Sinn des Lebens und seiner Ereignisse im Licht der Frohen Botschaft; und »bei ihnen bleiben«, wenn es dunkel wird und die existentiellen Probleme meistens noch bedrohlicher auf sie zukommen. Denn dort, wo Sachkenntnisse das drohende Schicksal nicht mehr abwehren und Worte keine Lösung mehr bringen können, da sollten wir dem Mitmenschen eben nahe bleiben, damit er aus dieser warmen, mitmenschlichen Verbundenheit den Mut schöpfen kann, schließlich selbst seinen eigenen Weg zu gehen.

5. Der christliche Sinn des Leidens und des Sterbens

5.1. Einführung

Obwohl dadurch am Anfang die Frage ein wenig überspitzt wird, möchte ich trotzdem um der Deutlichkeit willen das Problem so einleiten. Von 1966 bis 1968 wohnte ich in einem Krankenhaus und war in dieser Zeit nebenamtlich als Krankenhausseelsorger tätig. Weil ich sofort mit dem Problem des Leidens und des Sterbens konfrontiert wurde, habe ich mich hingesetzt und einen Vortrag geschrieben über »das heutige philosophische und theologische Denken über den Sinn des Leidens und des Sterbens, besonders im Hinblick auf Jesaja 42 und das Buch Ijob«. Es war angeblich ein wirklich guter Vortrag, mit vielen Zitaten aus der Bibel und auch mit einer Auswahl von schönen Texten von Kirchenvätern. Aber in diesen beiden Jahren und auch in den folgenden Jahren, wo ich viel mit Kranken und Sterbenden zu tun hatte, hat niemand mich darum gebeten, ihnen diesen Vortrag zu halten ... Sie hatten zufällig eine andere Frage, die etwa so lautete: »Warum muß ich dies leiden?« oder: »Warum muß ich jetzt so sterben?«

Für die Beantwortung dieser direkten, persönlichen Fragen konnte ich meine vorgefertigte Antwort »leider« nicht gebrauchen ...

Nun bin ich darum gebeten worden, über den christlichen Sinn des Leidens und des Sterbens zu sprechen. Eine unmögliche Aufgabe, aber es wird von mir gewiß nicht erwartet, daß ich die endgültige Antwort und Lösung geben kann, sondern daß ich versuche, einige Denkansätze zu einer möglichen Annäherung an dieses Problem anzubieten.

5.2. Denkansätze

Das Wort Leiden deutet hin auf erleiden, dulden, sich fügen, durchhalten. Ein Wesenszug des Leidens scheint eine gewisse Passivität gegenüber einer unumgänglichen Realität zu sein.

Der Begriff deutet hin auf all das, was dem Menschen zustößt und wogegen er sich wehrt aus seiner Leiblichkeit (etwa der Kampf gegen körperliche Schmerzen), aus seinem Gefühl (durch Aggressivität, Angst, Traurigkeit), aus seiner Weltanschauung und Lebenshaltung (der Kampf gegen Untreue, Unrecht, Unehrlichkeit) oder aus seiner Existenz oder Zukunftsplanung (etwa gegen das Erleiden eines Mißerfolgs, einer Desillusion, einer unheilbaren Krankheit oder des Todes). Es gibt verschiedene Arten des Leidens. Einmal das Leiden, das einem Menschen zustößt, ohne daß ein anderer Schuld daran trägt (so wie bei Krankheit oder Sterben). Es gibt auch Leiden, das von Menschen verursacht wird, wie Mißverständnisse, Unrecht, Lieblosigkeit, Haß.

Für beide Arten des Leidens gilt, daß es manchmal völlig beseitigt, ein andermal aber überhaupt nicht oder nur zum Teil behoben oder gemildert werden kann. Bestimmte Krankheiten können geheilt werden, andere führen unweigerlich zum Tod. Das Leiden, das der Mensch seinem Mitmenschen zufügt, kann im Prinzip behoben werden, aber es gibt Situationen, in denen das einfach nicht gelingt.

Die Haltung gegenüber dem Leiden könnte man grundsätzlich etwa so umschreiben: Wenn man das Leiden beheben oder mildern kann, soll man dies durchaus tun. Wenn man es aber nicht oder nur zum Teil beheben kann, stellt sich die Frage: Kann dieses Leiden einen Sinn, eine positive mensch-

liche Bedeutung haben? Gibt es darauf eine Antwort, die eine
wirkliche Lösung dieses Problems ist? Oder kann man da nur
bejahen, was geschieht? Ist Bejahung eine Lösung?

5.2.1. Verschiedene Versuche, eine Antwort zu finden

Das Problem des Leidens ist so alt wie die Geschichte der
Menschheit selbst. Und immerfort haben die Menschen sich
darum bemüht, eine befriedigende Lösung zu finden. Einige
von diesen Versuchen möchte ich kurz skizzieren.[15]

1. Die *naive* Lösung: Dazu gehören die ganz einfachen Versuche, eine klare Antwort zu geben, etwa in dem Sinn: Man
   kann nichts dagegen tun; es ist eben Gottes Wille; Gott will
   das Böse und das Leiden nicht, er läßt es nur zu; sieh dir die
   anderen einmal an, die leiden noch viel schlimmer; und
   manchmal wird versprochen, daß es einem, der auf Erden
   leiden muß, im Himmel um so besser gehen wird.

2. Die *sture* Lösung: Ein Mensch muß das Leiden eben ertragen; durch hartes Training kann man das lernen; der
   Mensch muß tapfer sein und sein Schicksal auf sich
   nehmen.

3. Die *passive* Lösung: Der Mensch soll das Leiden ertragen
   als eine Strafe für die Sünde der Welt.

4. Die *dualistische* Lösung: Das Leiden entsteht aus einem
   bösen Prinzip, das bisweilen das Gute überwältigt: Gut –
   Böse; Geist – Materie; Engel – Teufel; Freiheit – Determi-
   nation.

5. Die *kosmische* Lösung: Das Unvollkommene und das Leiden gehören zur lebenden Natur und haben ihren Sinn als
   Bestandteile innerhalb der großen Ordnung der Natur.

Keine dieser Auffassungen kann den Anspruch erheben, eine
wirkliche Lösung des Problems zu sein.

5.2.2. Eine christliche Lösung

Wie jede Weltanschauung, hat sich auch das Christentum mit der Frage des Leidens befaßt, und zwar so tief, daß man von einer Theologie des Leidens spricht. Es hat keinen Sinn, zu versuchen, diese Theologie in kurzen Zügen darzustellen. Ich möchte nur einige beherzigenswerte Gedanken in den Vordergrund rücken.

Vom alten Testament lernen wir, daß das Leiden nicht nur in dem Zusammenhang mit Sünde, Schuld, Buße und Vergeltung verstanden werden muß. Leiden hat auch mit Läuterung, Erlösung und Stellvertretung zu tun. Letztlich aber bleibt das Leiden ein Geheimnis (siehe das Buch Ijob und Jesaja 42: Ebed Jahwe).

Im Neuen Testament gibt es eine Anzahl von Texten, die einen Hinweis auf einen christlichen Sinn des Leidens geben. Einige Beispiele:

Kol 1,24: Da ich im Gefängnis bin, ist es mir verwehrt, öffentlich zu wirken. Nun freue ich mich für euch in meinem Elend und ergänze an meinem Körper, was an den Schmerzen noch fehlt, die Christus gelitten hat. Für seinen Leib, die Kirche, leide ich es.

Röm 12,15: Freut euch mit denen, die sich freuen, tragt mit am Leid derer, die betrübt sind.

1 Kor. 12,25: Gott aber hat den Leib aus so unterschiedlichen Gliedern zusammengesetzt und hat dem benachteiligten Organ besonders viel Ehre zugedacht, damit keine Spaltung im Leib entstehe, sondern die verschiedenen Organe einträchtig füreinander sorgen. Wenn ein Glied Schmerz empfindet, leiden sie alle. Wenn einem Organ etwas Schönes widerfährt, freut sich der ganze Leib mit.

Manchmal findet man dabei einen Hinweis auf das eschatologische Heil, das heißt auf das Reich Gottes am Ende der Heilsgeschichte. So sagt etwa Mattäus (24,8 ff.), daß das Reich

Gottes nur durch viel Elend, Schrecken und Leiden erreicht werden kann. Und die Apostelgeschichte sagt (14,24): Paulus und Barnabas ermahnten die Christen, am Glauben festzuhalten, und zeigten ihnen, daß es keinen anderen Weg in die himmlische Welt Gottes gebe als den, der durch viel Leiden führt.

Die zuerst genannten Texte weisen auf einige Grundgedanken hin: auf das Leiden Christi, auf Solidarität und gegenseitige Hilfe. Vielleicht darf man sagen, daß es dabei vor allem um die Frage nach dem Warum des Leidens geht.

Die beiden letzten Texte deuten eine Perspektive an, die das Leiden haben könnte. Bei dem Hinweis auf das eschatologische Heil wird eher eine Antwort auf die Frage, wozu das Leiden dienen könne, in den Vordergrund gerückt. Aber darüber später. Hier möchte ich nur davor warnen, das Ideal des geduldig leidenden Menschen mit dem christlichen Glauben gleichzusetzen. In der Bibel wird dem Klagenden und dem Menschen, der mit seinem Schicksal hadert, viel Raum gegeben. »Das Buch Ijob ist geradezu eine theologische Rechtfertigung dessen, der klagt und anklagt, der aufbegehrt und hadert. Alle Fragen kehren bei ihm in immer neuen Abwandlungen wieder, während die Freunde, die den kranken Ijob besuchen, ihn mit all den klugen Argumenten zu beschwichtigen trachten, die uns bis zum heutigen Tage wohlvertraut sind (und die wir deshalb hier gar nicht wiederholen wollen).

Im Neuen Testament hören wir aus dem Munde Jesu eine Klage, deren Bitterkeit kaum zu überbieten ist: ›Mein Gott, warum hast du mich verlassen?‹ Das sei Hinweis genug darauf, daß der christliche Glaube die Klage erträgt und erlaubt. Die Klage ist die Sprache des Leids. Ich meine zu beobachten, daß unser Leid deshalb doppelt so schwer wiegt, weil wir die Sprache des Leids so schlecht zu sprechen und zu hören vermögen.«[16]

5.2.3. Jesus und das Leiden

Wenn man genauer hinsieht, wie Jesus sich dem Leiden gegenüber verhielt, kommt man zu folgendem Schluß. Das Leiden an sich ist etwas Sinnloses, und alles überwindbare Leiden soll bekämpft werden. Weiter wird auch klar, daß Jesus das Leiden (am Ölberg und am Kreuz!) schwer trug und daß es nur bejaht werden kann, wenn es gelingt, in ihm irgendeinen Sinn zu entdecken.

Wenn man im Evangelium weiter nach einem möglichen Sinn des Leidens sucht, dann stoßen wir auf Gedanken wie: Läuterung, Erlösung, Stellvertretung. Vom Evangelium her tritt aber besonders der Begriff der Solidarität in den Vordergrund: die Solidarität Jesu mit unserem Leiden und unsere Aufgabe der Solidarität mit dem Leiden unserer Mitmenschen.

Damit ist aber nicht nur Solidarität im Ertragen des Leidens gemeint, sondern ebenso die Solidarität in der Bekämpfung der verschiedenen Arten des Leidens. Das Leiden erscheint also nicht als ein an sich sinnvolles, sondern als ein an sich sinnloses Phänomen, das uns zur solidarischen Bekämpfung des überwindbaren Leidens auffordert oder zu seinem Ertragen, wenn es nicht überwunden werden kann.

Der Versuch zur Sinngebung setzt aber voraus, daß man dieses Leiden bejaht, also bereit ist, sich der unvermeidlichen Realität zu fügen und sie in menschlicher Verantwortung auf sich zu nehmen. Aus der genannten doppelten Solidarität kann christliche Liebe entstehen und wachsen. Nur in dem Zusammenhang eines Verhältnisses der Liebe können Läuterung, Erlösung und besonders Stellvertretung als mögliche Sinnerklärungen in Betracht kommen.

5.2.4. Eine persönliche Standortbestimmung

Es wäre nicht richtig, wenn ich diese Überlegungen abschließen wollte, ohne zu sagen, wie ich persönlich dem Leiden gegenüberstehe. Ich will es also versuchen, besonders auch als Übergang zu dem zweiten Teil dieses Beitrags, in dem die Frage behandelt werden soll, was man – besonders in einer helfenden Beziehung – für den leidenden Mitmenschen tun kann. Für viele Menschen und auch für mich persönlich wird die Frage nach dem Sinn des Leidens am schmerzlichsten, wenn es sich um ein Leiden handelt, das ein Mensch dem anderen antut.

Dann stellt sich am dringendsten die Frage, warum Gott – der doch Liebe ist – zuläßt, daß gerade ein guter Mensch von einem bösen Menschen gequält wird. Weil wir das miterleben müssen und dem leidenden Menschen nicht helfen können, wird die Frage nach dem Sinn des Leidens und wie Gott dem Leiden gegenübersteht, für uns wohl besonders quälend. Gibt es da irgendeinen Anhaltspunkt?

Ein erster Anhaltspunkt ließe sich vielleicht finden, wenn wir kritisch nachprüfen, ob wir eigentlich die richtige Frage stellen. Normalerweise wird nach dem Warum des Leidens gefragt. Es wäre denkbar, daß wir durch diese Formulierung die Antwort blockieren. Deshalb ist es sinnvoll, dieses Warum durch ein Wozu zu ersetzen. Pohier [17] hat darauf hingewiesen, daß die erste Frage des Katechismus nicht lautet: »Warum sind wir auf Erden?« sondern: »Wozu sind wir auf Erden?« Die Frage nach dem Warum weist auf das, was hinter uns liegt, auf die Ursache eines Geschehens. Die Frage nach dem Wozu weist eher auf die Zukunft, auf ein Ziel oder ein Ideal, das eine Aufgabe für uns enthält. Ich habe den Eindruck, daß das Bedrohende der Warum-Frage hinsichtlich des Leidens sehr gemildert werden kann, wenn wir den Mut haben, die Wozu-Frage zu stellen. Man könnte fast sagen, daß die Warum-Frage hemmend wirkt, weil wir uns in die Ursachen und Argumente verrennen. Die Wozu-Frage dagegen regt eher an, zu suchen, welchen Sinn oder welche positive Bedeutung das Leiden in der Perspektive unserer eigenen Zukunft oder der Zukunft anderer Menschen haben könnte. In ähnlicher Weise haben viele Widerstandskämpfer und politische und andere Gefangene sogar ihren ungerechten und völlig sinnlos erscheinenden Tod als sinnvoll erleben können. Dies spricht ganz deutlich aus den Abschiedsbriefen, die sie kurz vor ihrer Hinrichtung geschrieben haben.[18] In diesem Zusammenhang sprechen auch Paul Tillich[19] und Dorothee Sölle[20] von einem Leiden, das möglicherweise sinnvoll werden kann, wenn und sofern es zur Verbesserung von unerwünschten Zuständen führt. Die Überzeugung, daß Leiden und Tod für die Hinterbliebenen einen Sinn haben, macht dieses Leiden erträglich oder sogar sinnvoll.

So darf man auch manche Aussagen aus der Abschiedsrede Jesu verstehen: Durch sein Leiden und seinen Tod wird er Leiden und Tod besiegen, das Werk Gottes wird vollendet werden, die Jünger dürfen weiterleben in der Überzeugung, daß Jesu Leiden und Tod nicht umsonst waren, daß der Vater sich um sie kümmern wird und der Helfer, der Geist Gottes, sie ermutigen wird. Es bedeutet aber gleichzeitig für die zurückgebliebenen Jünger den Auftrag, Jesu Leiden sinnvoll werden zu lassen, besonders indem sie einander lieben, wie Christus sie geliebt hat.

Die Solidarität, die dem Leiden einen Sinn geben kann, bedeutet deshalb immer eine gegenseitige Solidarität: derjenige, für den das Leiden einen Sinn haben kann, muß daran arbeiten, daß diese positive Bedeutung verwirklicht wird. Wenn nicht, würde er den möglichen Sinn des solidarischen Leidens vernichten.

Vor dem Hintergrund der Wozu-Frage bin ich der Überzeugung, daß das Problem des Leidens zumindest dann erträglich wird, wenn wir auf das zurückgreifen, was vorher über die Menschwerdung Gottes gesagt wurde. Weil wir wissen, daß Gott uns seine Liebe im Menschen Jesus anbieten will, dürfen wir sagen: Gott braucht den Menschen, um ein Gott der Menschen zu sein. Wir glauben an einen allmächtigen Gott, Schöpfer der Welt und Urheber alles dessen, was auf und außerhalb unserer Erde besteht. Aber wir glauben zugleich an einen Gott, der Liebe ist. Liebe aber ruft ihre eigene Allmacht hervor; wir wissen ja auch aus dem menschlichen Bereich, daß ein Mensch, der liebt, (fast) alles kann. Aber gerade in dieser Liebe ist neben der Allmacht auch Verletzlichkeit und Ohnmacht gegeben, das heißt, von der Liebe her gesehen steht man vielen Dingen ohnmächtig gegenüber. Weil die Liebe uns ja daran hindert, manches mit Gewalt durchzusetzen. So dürfen wir vielleicht auch glauben, daß Gott, weil er die Liebe ist, die Allmacht dieser Liebe in sich trägt, aber gleichzeitig in gewissem Sinn auch die Ohnmacht, weil dieselbe Liebe Gott daran hindert, den Menschen mit Gewalt zu zwingen, das Gute zu tun. Gott braucht den Menschen, jeden Menschen, um seine Liebe verwirklichen zu können. Dort, wo die Liebe Gott und uns daran hindert, das Böse mit Gewalt zu unterdrücken, bleibt nur noch die Möglichkeit des liebenden Nahe-seins, der totalen Solidarität mit dem, der leiden muß.

Die Überzeugung, daß Gott den Menschen braucht, um ein Gott der Menschen zu sein, schließt für uns den Auftrag ein, seine Liebe, Sorge und Gerechtigkeit Mensch werden zu lassen oder zu verwirklichen. Unsere liebende Verbundenheit mit dem leidenden Menschen soll jedenfalls dazu führen, daß wir bei dem leidenden Mitmenschen bleiben, und zwar in einer solchen Weise, daß er sein Leiden, für das es keine Lösung gibt, seelisch bewältigen und positiv bejahen kann.

5.3. Die Hilfe zur Bejahung

Wenn ein Mensch einem schicksalhaften Leiden gegenübersteht, bleibt ihm nur noch die Aufgabe der Bejahung. Bejahung heißt aber selbstverständlich nicht, daß er sich darüber freuen soll, sondern: daß er sich der unvermeidlichen Realität fügt, diese in positiver menschlicher Verantwortung auf sich nimmt. Bejahung kann sich nie in einem Augenblick vollziehen, sondern sie ist ein Prozeß, der eine bestimmte Dauer braucht. Dieser Prozeß wird beschleunigt, wenn es dem Menschen gelingt, irgendeinen positiven Sinn zu entdecken. Er wird gehemmt, wenn und solange der Mensch der Frage nach dem Warum nachgrübelt. Diese Warum-Frage stellt sich in fast allen Bejahungsprozessen, und zwar am Anfang. Sie ist bedrohlich für den Menschen selbst und für den, der ihm helfen will. Man fordert dadurch ja eine Antwort, die sich – wenn überhaupt – erst am Ende des Prozesses geben läßt.[21]

5.3.1. Ausgangspunkt: jeder kann einem leidenden Menschen Hilfe leisten

Bevor wir der Frage nach dem Anhaltspunkt nachgehen, möchte ich feststellen, daß Bejahung ein allgemein menschliches Problem ist. Denn so sehr das individuelle Problem ganz spezifisch ist, es steckt doch immer wieder die Grundfrage dahinter: Wie kann man die unvermeidliche Realität eines Leidens akzeptieren und seelisch bewältigen? In dieser Hinsicht gibt es nur wenig Menschen, die nicht »ihr Teil abbekommen«. »Kein Haus ohne Kreuz«, sagt ein altes Sprichwort. Und meine Großmutter pflegte fortzufahren: »Und wer noch keins hat, der soll fest am Beten bleiben, denn der bekommt es noch!« Womit ich nur sagen will: In jedem Leben gibt es Schicksalhaftes, das bejaht werden muß. Dafür ein paar Beispiele.

Ein vierzigjähriger Mann, verheiratet und Vater von zwei lieben Kindern, der vor ein paar Stunden vernommen hatte, er habe nur noch einige Wochen zu leben, schreit seinem Helfer seine Ohnmacht ins Gesicht: »Warum muß ich jetzt, und zwar auf diese Weise, sterben? Wenn es . . .«

Ein Mann, der durch einen Autounfall querschnittsgelähmt ist, schreit es hinaus: »Daß mir bloß keiner mehr von einem liebenden Gott redet! Warum muß dieses Schicksal gerade mich treffen?«

Eine junge Frau, die aus selbstloser Liebe einen sehr labilen Mann geheiratet hatte, wurde dann dauernd beleidigt, geschlagen und erniedrigt. Sie fragt: »Wenn Gott die Liebe ist, warum straft er mich denn so für meine Liebe?«

Ein Ehepaar hatte voll Freude ein Kind erwartet. Die Geburt war problemlos, aber es stellte sich heraus, daß das Kind ernsthaft behindert war. Und dann standen sie mit den Ärzten vor der bedrückenden Entscheidung, ob man versuchen solle, das Kind am Leben zu erhalten.

Oder die Eltern, die glücklich waren mit ihrer Tochter, bis diese einen anderen, unbegreiflichen Weg ging und in eine Lage kam, die schlimmer war als das, was man früher mit dem Ausdruck »einen schlechten Lebenswandel führen« andeutete. Welchen Halt haben sie, um das zu verarbeiten? Dieselbe Frage stellt sich in vielen anderen Situationen, bei einer unheilbaren Krankheit, einer Verletzung, die für den Rest des Lebens ihre Spuren hinterlassen wird.

Alle diese Beispiele zeigen, daß es viele Formen von Bejahungsproblemen gibt. Deshalb kann sich auch jeder, der helfen will, in das Bejahungsproblem des anderen hineinversetzen und ihm darin helfen. Es dürfte ein leichtes sein, diese Beispiele durch viele andere zu ergänzen. Es bleibt aber die Frage, wie man helfen und was man sagen kann? Gibt es dafür einen Anhaltspunkt?

5.3.2. Ein Anhaltspunkt: die Haltung gegenüber Leben und Sterben

Einen Anhaltspunkt für die Bejahung der Einzelprobleme finden wir in der Grundhaltung des Menschen gegenüber dem Leben und dem Sterben. Diese ist zwar auch – wie schon gesagt – aus konkreten Situationen entstanden, aber hat sie sich einmal in eine bestimmte Richtung entwickelt, beeinflußt sie ihrerseits auf entscheidende Weise die Reaktion auf neue Probleme. Wenn der Mensch erwachsen wird und anfängt bewußter zu leben, wird er mit sich selbst und mit dem Leben konfrontiert als mit etwas, was ihm zugeworfen wurde. Er hat nicht darum gebeten, manches darin geht ihm gegen den Strich (etwa sein Äußeres, Körperbau, Charakter bis hin zur Umwelt: Eltern, Familie). Der Mensch kann jetzt auf verschiedene Weise dazu Stellung nehmen. Er kann sich so im Negativen verrennen, daß er schließlich dieses Leben ablehnt; in seiner extremen Form führt das zum Selbstmord. Er kann sich ihm auch lustlos oder erbittert fügen. Im Grunde genommen geht das Leben dann an ihm vorbei. Er kann sich auflehnen, kämpfen, sich weiter weigern, die Ausgangsrealitäten anzunehmen, wie sie nun einmal sind. Er kann aber auch sein Leben als eine Aufgabe ansehen, etwas Gutes daraus zu machen, *sein* Leben, ein Leben, das sich für ihn selbst und für die Mitmenschen lohnt – er kann seinem Leben einen Sinn geben, versuchen, einen Sinn zu entdecken.

So geht es nun auch beim Sterben – gänzlich unausweichlich ist es eine unerbetene Realität. Der Mensch kann sich, wenn er mit ihr konfrontiert wird, weigern, sie zu akzeptieren. Er kann weiter gegen sie ankämpfen, bis er die Sinnlosigkeit dieses Kampfes einsieht. Er kann sich resigniert oder erbittert fügen. Er kann aber auch dieses unvermeidliche Sterben als die Aufgabe sehen, seinen Tod selbst zu sterben. Er kann zu finden versuchen, wie seine Sterbensphase sich am ehesten zu leben lohnt, für sich und die anderen . . . Der einzig reale Ausgangspunkt für alles weitere Denken, Reden und Handeln ist die Wirklichkeit selbst. Jeder Mensch steht vor der Aufgabe, herauszufinden, wie diese unumgängliche Realität in seinem Leben eine positive Bedeutung hat oder bekommen kann. Daß das konkret immer wieder anders aussieht, ist selbstverständlich: Lebensfragen können letztlich nur im Leben und durch das Leben beantwortet werden. Biesel hat dieses Ringen des Menschen um den eventuellen Sinn seines Leidens wie folgt ausgedrückt:

»Darum will dieser Mensch sehen, was ist, und sich darüber Rechenschaft geben dürfen ›ohn' alle Bemäntelung und Gleisnerei‹. Er sich! Er ist nicht ohne Hilfe bei diesem Rechenschaftsbericht, gewiß nicht; jene Wolke von Zeugen, Leidenszeugen, von welcher der Hebräerbrief spricht, umgibt ihn, hüllt ihn ein, und auch die Tröstungen und Versicherungen der kirchlichen Tradition und der Menschengemeinschaft bieten sich ihm an. Indessen können diese alle nur so helfen, daß sie ihn anleiten, seine eigene Antwort zu suchen und zu finden. *Er* muß es tun, wenn er Person werden und sich in allem Untergang als ein Bleibender konstituieren will. Darum gibt es für den Einzelnen, was diese Leidensfrage angeht, keine vorgefertigten Antworten, so richtig sie an sich sein mögen: Für ihn sind sie nicht richtig, sind so lange unbrauchbar, wie nicht er selber, einzige, unwiederholbare Person, sie erarbeitet hat. Tut er das, so wird seine Antwort niemals einfaches Wieder-holen des Alten, Gegebenen sein, sie wird immer auch Neues hinzubringen, ein Mehr und ein Anderes an Erkenntnis. Schließlich gibt es einen *Fort*schritt der Offenbarung, auch der Leidensoffenbarung, und solcher Fortschritt ist mehr als bloße entfaltende Weitergabe des Alten, er ist zugleich Vermehrung der Substanz. Wirklich Neues kommt hinzu. – *Er* muß arbeiten, einsam und gemeinsam, redlich und gewissenhaft . . .«[22]

Diese Begriffe Einsam und Gemeinsam weisen auf das Spannungsfeld hin, das zwischen dem suchenden Menschen und seinem Helfer besteht. Der Mensch selbst wird schließlich allein seinen eigenen Standort bestimmen müssen. Der Helfer kann nicht die endgültige Lösung anbieten. Er kann nur versuchen, dem anderen – besonders in den Gesprächen – so nahe zu sein, daß er aus dieser Verbundenheit den Mut schöpft, sich mit den wirklichen Problemen auseinanderzusetzen und mit Hilfe seines Gesprächpartners seine eigene Antwort zu finden. Besonders wichtig dabei ist, daß der Helfer seinen Mitmenschen dort abholt, wo er gefühlsmäßig auf seinem Weg zur Bejahung ist. Man darf die – manchmal unausgesprochene – Bitte des leidenden Mitmenschen vielleicht verstehen, wie eine Helferin es (im Namen eines Schwerkranken) in dem folgenden Gedicht ausgedrückt hat:

Hebe mich
dort auf, wo ich steh,
wo ich steh
und einen Schatten werf.

Rufe mich
dort an, wo ich stumm,
wo ich stumm
auf deine Stimme wart.

Finde mich
dort auf, wo ich such,
wo ich such
und meine Arme weit . . .   (Cl. B.)

5.3.3. Bejahung in Solidarität

Die Bejahung des unvermeidlichen Leidens ist ein Prozeß, dessen Verlauf – wie bei jeder anderen Bejahung – in verschiedenen Phasen stattfindet. Diese Phasen sind bekannt: Unwissenheit – Unsicherheit – Entdeckung der unvermeidbaren Realität – Leugnung – Auflehnung – Verhandeln mit dem Schicksal – Traurigkeit – Bejahung.[23] Dorothee Sölle hat den Bejahungsprozeß des Leidens von der zwischenmenschlichen Solidarität her beschrieben. Dabei treten andere, wichtige Aspekte in den Vordergrund, die ich kurz erwähnen will.

In der ersten Phase wird der Mensch vom Leiden überfallen und fast überwältigt. Manchmal geschieht dies so massiv, daß der Mensch sozusagen mit Stummheit geschlagen wird. Das Leiden isoliert ihn, und sprachlos fällt er auf sich selbst zurück und ist im Moment unfähig zu einer wirklichen Kommunikation. Der Helfer kann dann nur versuchen, in seiner Nähe zu bleiben.

In der zweiten Phase äußert der Mensch sein Leiden durch Wort und Geste; manchmal aber auch schreit er in Auflehnung oder Traurigkeit sein Leiden zum Himmel oder zum Mitmenschen. Dieser Ausdruck des Leidens wirkt an sich schon befreiend. Dabei wird aber vorausgesetzt, daß der helfende Mitmensch nicht anfängt, »Erklärungen« für das Leiden anzubieten, mit pauschalen Aussagen den Leidenden über sein Leiden hinwegzutrösten oder es zu verdrängen (so etwa wie die Freunde Ijobs taten). Der Helfer hat den Auftrag, dem Leidenden zu helfen, damit er sich wirklich seiner Lage bewußt wird und sich mit dem Problem auseinandersetzt. Das gemeinsame Gebet kann für gläubige Menschen eine Hilfe sein, wenn dieses Gebet nicht Ersatz, sondern Ergänzung oder Vollendung eines menschlichen Gesprächs ist.

In der dritten und letzten Phase haben leidender und helfender (ein ehrlich mit-leidender) Mensch die Möglichkeit, in tiefer Verbundenheit und Solidarität das Leiden anzupacken. Das überwindbare Leiden muß bekämpft und behoben werden. Bei dem vermeidbaren Leiden stehen leidender und helfender Mensch vor der gemeinsamen Aufgabe, zur Entdek-

kung einer positiven Bedeutung und zur Bejahung heranzu-
wachsen.[23]

Abschließend möchte ich noch eine Bemerkung machen über
die Methodik der helfenden Gespräche. Wenn man zur Verarbeitung schwerer Probleme nach Anhaltspunkten im Leben
sucht, ist es für den Helfer besonders wichtig, daß er darauf
achtet, wie der Betroffene andere, weniger schwere Beja-
hungsprobleme bewältigt hat. Dabei kann nämlich sichtbar
werden, was für ihn einen großen Wert hat und deshalb auch
dazu dienen kann, zu der Bejahung schwereren Leidens zu
führen. Das ist leicht verständlich, wenn man bedenkt, daß
alle Bejahungsprozesse als menschliches Geschehen die gleiche Struktur haben. Die Erfahrung zeigt eindeutig, daß das
Erleben dieses Prozesses in ähnlichen Phasen verläuft (vgl. die
Bejahung einer unheilbaren Krankheit, eines behinderten
Kindes, des Sterbens).

5.4. Die Hilfe zur letzten Bejahung

Die Überlegungen über den Sinn des Leidens und die Möglichkeiten der positiven Bejahung wären wesentlich unvoll-
ständig, wenn wir das letzte Leiden und den letzten Bejahungsprozeß nicht ausdrücklich besprechen würden. Deshalb möchte ich noch etwas sagen über den Beistand für
Sterbende, und zwar zu der Frage nach dem Sinn und nach
dem Warum des Sterbens und zu den Gesprächen mit Sterbenden.

5.4.1. Der Sinn des Sterbens

Bei dem Sterbebeistand geht es sicherlich nicht um die theore-
tische Frage: Was ist der Sinn des Sterbens, sondern um die
ganz persönliche Frage des Sterbenden: Kann ich *mein* Ster-

ben als etwas erleben, was einen solchen positiven menschlichen Sinn hat, daß ich meinen eigenen Tod bewußt bejahen, also meinen eigenen Tod sterben kann? Nun gibt es zwei Möglichkeiten, im Sterben einen Sinn zu entdecken: vom Leben vor dem Tod und vom Leben nach dem Tod aus.

Die erste Möglichkeit zur Entdeckung einer positiven Bedeutung des eigenen Sterbens liegt darin, in seinem *Leben* einen Sinn zu finden. Für das Sterben gilt, was für das Leben schlechthin gilt: Der Sinn ist nicht als Tatsache, sondern als Aufgabe gegeben. Wie sein Leben kann der Mensch auch sein Sterben als eine Aufgabe ansehen und darauf hören, welchen Sinn gerade für ihn seine letzte Lebensphase hat, um diesen Sinn dann anzunehmen und zum Sinn seines Sterbens zu machen. Auf diese Art erlebt, kann die Zeit des Sterbens die Bedeutung eines sinnvollen Abschlusses oder sogar einer versöhnenden und wiedergutmachenden Vollendung des ganzen Lebens erlangen und so zur Erfüllung des höchsten Lebenssinns und -auftrags werden: zur Vollendung der Selbstverwirklichung.

Für den gläubigen Menschen gibt es darüber hinaus noch eine zweite Möglichkeit, in seinem Sterben Sinn zu finden. Für den, der an die Botschaft Jesu von Nazaret glauben darf und kann, gibt es – zumindest grundsätzlich – größere Möglichkeiten, seinem Sterben einen tieferen Sinn zu geben. Denn die christliche Botschaft ist eine Botschaft über den tieferen Sinn des menschlichen Daseins und als solche auch über die letzte Phase dieses Daseins. Ich sage mit Absicht »zumindest grundsätzlich«, weil die Erfahrung lehrt, daß Gläubige nicht unbedingt in ihrem Sterben leichter ein sinnvolles Geschehen zu sehen vermögen als jene, die nicht glauben. Es liegt nur daran, wie sich ihr Glaube konkret in ihrem Leben ausgewirkt hat und wie er sich eventuell mit der Hilfe eines Seelsorgers, oder eines anderen, gläubigen Menschen, im Sterben auswirkt. Der Gläubige hat die Möglichkeit, dem Leben bis zur letzten Phase von der christlichen Daseinsdeutung aus einen tieferen Sinn zu geben.

Weil Gott Jesus über den Tod hinaus treu war, dürfen wir darauf vertrauen, daß er uns auf die gleiche Weise treu sein wird. Der Sterbeprozeß bekommt dann die Bedeutung eines Übergangs zu dem Leben, zu dem wir gerufen sind. Das hindert nicht, daß das Sterben doch den Charakter einer Hingabe und sogar eines Wagnisses behält. Der Gottesglaube mildert aber das Beängstigende, das jeder Hingabe, sowohl an das Leben, an die Liebe als auch an das Sterben eigen ist.

5.4.2. Gespräche mit Sterbenden

Weil die Sterbenden ihre eigene Sprache sprechen, sind Gespräche für die Hilfeleistenden schwierig. Es kann geschehen, daß Sterbende sich ganz klar ausdrücken; meistens aber werden sie ihre Gefühle nur verschleiert äußern. So kann etwa die ständig wiederholte Frage eines Sterbenden, wann er nach Hause gehen darf, darauf hinweisen, daß er schon angefangen hat, daran zu zweifeln, ob er überhaupt wieder gesund werden wird. Für den Ungeübten ist es oft fast unmöglich, solche »Zwischentöne« herauszuhören und richtig einzuordnen. Sodann können für die Helfenden Gespräche mit Sterbenden auch deshalb schwierig sein, weil man gern etwas sagen möchte, »wovon der Sterbende etwas hat«, obwohl man gerade dazu nicht in der Lage zu sein scheint. Dieses Gefühl der Unfähigkeit hängt mit der weit verbreiteten Auffassung zusammen, wir müßten, wenn wir mit Problemen ringen, immer etwas Positives sagen oder richtige Antworten geben. Das ist aber nicht so. Denn bei jedem helfenden Gespräch, zumal bei Gesprächen mit Sterbenden, wird vom Helfenden nicht in erster Linie erwartet, daß er Lösungen anzubieten hat, sondern daß er zuhört, die oft nur zaghaft und verdeckt geäußerten Gefühle des anderen versteht und dem Sterbenden hilft, sie auszudrücken und sie so innerlich zu verarbeiten. Das Gespräch ist kein Ziel an sich, sondern nur eine der vielen Möglichkeiten zur Verwirklichung zwischenmenschlicher Beziehungen. Und Zwischenmenschlichkeit, liebende und helfende Nähe, menschliche Wärme und Geborgenheit ist das, was der Sterbende am nötigsten braucht.

Man sollte sich also nicht scheuen, Gespräche mit Sterbenden zu führen, weil man fürchtet, auf Fragen keine Antwort zu wissen; schon allein die Bereitschaft zum Zuhören und zum gemeinsamen Überdenken der Lebensfragen des Sterbenden ist für ihn eine große Hilfe. Ich habe das erst richtig verstanden in einem Gespräch mit einem schwerkranken Mann, der vierzig Jahre alt war und der seit ein paar Stunden wußte, daß er in zwei, drei Wochen sterben mußte. In diesem Gespräch war ich ausschließlich auf die Frage konzentriert, was ich ihm sagen und wie ich ihm helfen konnte. Ich habe versucht, vernünftige Aussagen über den Sinn des Todes in dieses Gespräch hineinzubringen. Damit war diesem Kranken aber nicht geholfen: es ging für ihn ja nicht um den Sinn des Todes schlechthin, sondern um die Frage: Warum muß ich, Vater zweier Kinder, jetzt sterben?

Weil die Frage, was ich ihm sagen könnte, mich so beschäftigte, habe ich ihm eigentlich nicht wirklich zugehört. Deshalb scheiterte das Gespräch völlig, und der Kranke fing an zu weinen, aus reinem Unvermögen, mit seinem Problem fertig zu werden. Ich fühlte mich ebenso ohnmächtig und habe wie ein kleiner Junge mitgeweint. Als er das bemerkte, geschah das Unerwartete: Der Kranke hat angefangen, mir, dem Theologen, zu helfen, und von diesem Moment an kamen wir zueinander und sind dann den zwei Wochen dauernden Weg bis zu seinem Tod miteinander gegangen.

5.5. Zum Abschluß

Besonders jene Menschen, die wegen ihres Berufs Sterbehilfe leisten müssen, leiden manchmal darunter, daß sie einerseits davon überzeugt sind, daß dieser Beistand zu ihrer Aufgabe gehört, sich aber andererseits unfähig fühlen, diese Aufgabe in der Praxis auch richtig zu bewältigen. So begnügen sie sich denn auch mit reiner Sterbehilfe, ohne das Wagnis auf sich zu nehmen, den Sterbenden personal zu begleiten. Ärzte, Pflegepersonen, aber auch Seelsorger und andere Berufskräfte haben das während ihrer Ausbildung meist nicht gelernt. Das ist aber kein Argument dafür, daß der Beistand für Sterbende eben nicht zu erlernen sei.

Man kann es in der Tat lernen, Sterbenden in rechter Weise beizustehen. Es ist nützlich, die damit zusammenhängenden Probleme zu studieren; über den Sinn des Lebens und Sterbens nachzudenken, mit Erfahrenen zu diskutieren; noch nützlicher wäre, wie bei allen zwischenmenschlichen Prozessen, ein bewußtes Einüben. So nützlich das alles also auch sein mag – und es erscheint uns sogar unverzichtbar, sich auch lernend mit diesen Fragen zu beschäftigen –: letztlich kann man es nur lernen, wenn man versucht, es in der Praxis zu tun. Die Erfahrung ermutigt uns, es zu versuchen: Wer wirklich versucht, einem Sterbenden auf seinem Weg zum Lebensende zu helfen, dem wird von diesem Sterbenden geholfen werden.

Anmerkungen

1. Für eine ausführliche Darstellung dieser Thematik darf ich hinweisen auf das Buch: *P. Sporken,* Die Sorge um den kranken Menschen. Grundlagen einer neuen medizinischen Ethik, Düsseldorf, Patmos Verlag, 1977.
2. *P. Ricoeur,* La sexualité, Paris, Ed. Esprit, 1960.
3. *Y. Nuyens,* Ziek zijn en samenleving. Een zieke samenleving?: Tijdschrift voor sociale Geneeskunde 50(1972)741.
4. *P. Sporken,* Perspektiven zum Wohlbefinden alter Menschen: Theorie und Praxis der sozialen Arbeit 27(1976)262.
5. Siehe dazu: *C. Genewein, P. Sporken,* Menschlich pflegen, Grundzüge einer Berufsethik für Pflegepersonen, Düsseldorf, Patmos Verlag, ²1976.
   P. Sporken: Pastorale zorg en geestelijke gezondheid: Geloof en gezondheid, Utrecht, Spectrum, 1971.
6. *R. Guardini,* Der Weg zum Mensch-werden, Mainz, Grünewald, 1975 (Topos Taschenbuch).
7. *C. H. Dodd,* Gospel and Law, Cambridge 1952.
   E. Schillebeeckx, Het huwelijk. Aardse werkelijkheid en heilsmysterie, Bilthoven, Nelissen, 1964.
8. *J. Robinson,* Christian Morals Today, London 1964.
9. *P. Sporken,* Gezondheidszorg: een humane en christelijke opgave: Metamedica 54(1975)115.
10. *P. Sporken,* Umgang mit Sterbenden, Düsseldorf, Patmos, 1975 (3. völlig neu bearbeitete Auflage 1976).
11. *K. Rahner,* Grundkurs des Glaubens, Freiburg, Herder, ⁹1977.

12. *E. Schillebeeckx*, Jesus. Die Geschichte von einem Leben- den, Freiburg, Herder, ⁴1977.

13. Nach einer ursprünglichen Idee von *A. F. Weyers*, Wij kunnen God niet zien: De Bazuin 42(1958)no. 4,3.

14. *R. Guardini*, Gottes Geduld, in: Der Weg zum Mensch- werden, Mainz, Grünewald, 1975 (Topos Taschenbuch).

15. *J. Peters*, Lijden: Catholica, Informatiebron voor het ka- tholiek leven, Hilversum, 1968.

16. *H. C. Piper*, Krank sein. Erleben und lernen, Mainz, Grünewald, ²1976 (Beratungs-Reihe).

17. *J. Pohier*, Wozu oder Warum? Überlegungen: Concilium 13(1977) 505–511.

18. Du hast mich heimgesucht bei Nacht. Abschiedsbriefe und Aufzeichnungen des Widerstandes 1933–1945, Mün- chen 1957.

19. *P. Tillich*, Systematische Theologie, Stuttgart 1958.

20. *D. Sölle*, Leiden, Stuttgart, Kreuz Verlag, 1973.

21. *P. Sporken*, Eltern und ihr geistig behindertes Kind. Das Bejahungsproblem, Düsseldorf, Patmos, 1975.

22. *H. Biesel*, Das Leid in der Welt und die Liebe Gottes, Düsseldorf, Patmos, 1972, 16f.
    V. E. Frankl: Das Leiden am sinnlosen Leben, Psychothe- rapie für heute, Wien, Herder, 1977, 80f.

23. *E. Kübler-Ross*, Interviews mit Sterbenden, Stuttgart, Kreuz Verlag, 1973.
    P. Sporken, Umgang mit Sterbenden, Düsseldorf, Patmos (3. völlig neu bearbeitete Auflage, 1976).

24. *D. Sölle*, Das Leiden, Stuttgart, Kreuz Verlag, 1973.
    Dieselbe, Stellvertretung. Stuttgart, Kreuz Verlag, 1965.
    H. Wiersinga, Verzoening met het lijden? Baarn, Ten Have, 1975.

C. M. Genewein

Bericht über Arbeitskreise und Podiumsgespräch

Die Teilnehmer des Kongresses haben in 3 Arbeitskreisen wesentliche Fragen besprochen, die sich aus dem Grundthema des Kongresses für die Praxis ergeben konnten:

1. »Macht das moderne Krankenhaus krank?« Moderator war Oberarzt Dr. Gottfried Roth, Chefredakteur der Zeitschrift »Arzt und Christ«, Wien.
2. »Was verstehen Christen unter Humanität?« Moderator war Prof. Dr. Dr. Karl Gastgeber, Graz.
3. ›Gibt es eine Berufung zum sozialen Dienst?‹ Moderator war Pater Eberhard Löcher OFM Conv., Bamberg.

Zur Einführung in die Thematik der Arbeitskreise war Dr. C. M. Genewein, München, um einige Präzisierungen gebeten. Sie werden im folgenden, jeweils zusammen mit den Berichten der Arbeitskreise, kurz dargestellt.

Zum ersten Thema: ›Macht das moderne Krankenhaus krank?‹

Es hat lange Zeit in unseren Krankenhäusern das Problem des physischen Hospitalismus gegeben, ein Problem, das in erster Linie die Bakteriologen und die Hygieniker betroffen hat, denn der Hospitalismus war lange Zeit eine Erscheinung, die darin bestand, daß sich im Krankenhaus Infektionen verbreiteten; in diesem Zusammenhang ist besonders auch an das Hepatitisproblem zu denken.

In den letzten Jahren mehren sich die Stimmen, die der Meinung sind, daß unser modernes Krankenhaus auch einen »psychischen Hospitalismus« produzieren kann, das heißt also, daß es in einer Weise psychisch auf die Patienten einzuwirken imstande ist, die nicht gesundmachend, sondern krankmachend ist.

Kürzlich ist in der Bundesrepublik Deutschland eine große Untersuchung zu diesem Thema erschienen; es ist wohl der Mühe wert, über die Problematik nachzudenken. Was machen wir eigentlich in unseren Krankenhäusern falsch, daß ein Patient psychisch unbetreut bleibt, wo es doch offensichtlich so nötig wäre, seine ebenfalls betroffene Psyche mitzubetreuen? Die Frage lautet also: Macht das Krankenhaus von heute krank? und wenn ja, warum, und wie könnte man das vermeiden? Diese Fragestellung richtet sich an die verschiedensten Dienste des Krankenhauses, zunächst sicherlich wohl an den ärztlichen Dienst, dann aber auch und in nicht geringerem Ausmaß an die Angehörigen des Pflegedienstes und auch an die Krankenseelsorger; also an Personen, die in einer besonderen Weise dem Kranken nahe sind. Man dürfte die Frage wohl auch so formulieren: »Machten vielleicht die Krankenschwester und der Krankenpfleger und auch der Krankenseelsorger krank?« Dies ist eine Frage, die auf dem Tisch liegt und also auch in aller Öffentlichkeit behandelt werden darf. Kein Krankenhausseelsorger wird sich vor einer solchen Frage im unguten Sinne betroffen fühlen können, denn es ist nur die Frage, wie man auch aus möglichem Fehlverhalten lernen könnte, besser und heilbringender mit kranken Menschen umzugehen.

Aus dem Bericht im Plenum des Arbeitskreises »Macht das moderne Krankenhaus krank?« ist zunächst einmal klar geworden, daß besonders die Seelsorger der Meinung waren, diese Frage müsse mit »ja« beantwortet werden. Hier spielt vor allem die sehr umfangreiche Technik des Krankenhauses von heute eine Rolle, daneben aber zweifellos auch die Frage der Wahrheit am Krankenbett. Die Diskussionspartner sind der Meinung gewesen, daß viele Patienten ihr Vertrauen nicht in erster Linie dem Arzt, sondern den Schwestern und Pflegern entgegenbringen, weil diese mit dem Patienten viel mehr in Kontakt sind als der Arzt. So wird es eben doch häufig die Aufgabe der Angehörigen des Pflegedienstes sein, dem Patienten die Wahrheit zu vermitteln. Hier sollte nicht nur der Zustand des Kranken berücksichtigt, sondern auch an die Angehörigen gedacht werden, die sich in der Krankenpflege ja als hilfreich oder als störend erweisen können.

Angehörige der Pflegeberufe haben in diesem Arbeitskreis darauf hingewiesen, daß sich der Priester in der Frage nach der Wahrheit häufig zu sehr in den Vordergrund stelle, anderseits sei aber auch der Wandel bemerkenswert, der seit dem Zweiten Vatikanischen Konzil in der Krankenseelsorge eingetreten ist. Allein schon aus den veränderten Bezeichnungen – früher »Letzte Ölung«, heute »Krankensalbung« – wird erkenntlich, daß im Selbstverständnis der Menschen ein Wandel eingetreten ist und daß der Priester weitgehend von dem Odium befreit worden ist, daß er nur Todesbote sei, der im letzten Moment oder gerade dann, wenn der Sterbende sein Bewußtsein verloren hat, an das Krankenbett tritt. Hier wurden Forderungen für die Fortbildung und die weitere Ausbildung der Krankenhausseelsorger unter diesen neuen Aspekten angemeldet, nicht zuletzt im Zusammenhang mit der Abstimmung der mitmenschlichen Aufgaben, die das ärztlich-pflegerische Team zu erfüllen hat.

In den Diskussionen des Arbeitskreises ist also in der Tat davon ausgegangen worden, daß das Krankenhaus zumindest krank machen kann. Man wollte aber nicht bei dieser negativen Feststellung stehenbleiben, sondern diskutierte hauptsächlich darüber, was man tun könne, daß der Patient im

Krankenhaus auch psychisch betreut wird. Die angesprochenen Probleme: das Problem der Wahrheit am Krankenbett, das Problem des Vertrauens im Krankenhaus und auch das Problem des richtigen Ortes der Seelsorge, sollten im ärztlich-pflegerischen Team und auch im ständigen Gespräch mit den Krankenseelsorgern weiter besprochen werden, damit dort, wo Christen in Krankenhäusern Verantwortung tragen, der Begriff »psychischer Hospitalismus« nicht zum prägenden Merkmal des Krankenhauses wird.

Zum zweiten Thema: ›Was verstehen Christen unter Humanität?‹

Als Moderator dieses Arbeitskreises wurde bewußt ein Mann gewählt, der von seiner Ausbildung und seiner Tätigkeit her die verschiedenen Seiten des Menschseins kennt. Prof. Dr. Dr. Gastgeber ist Arzt und Theologe.

Man wird die Frage: »Was verstehen wir denn unter Humanität?« sicher nicht *nur* von der medizinischen, biologischen, psychischen Seite und auch nicht *nur* von der theologischen Seite her betrachten können. Beides wäre einseitig und würde dem Phänomen »Menschsein« sicher nicht entsprechen. Die Aussage, was unter Humanität zu verstehen ist, ist wesentlich mitgeprägt von der Ansicht darüber, welchen Grundauftrag der Mensch in seinem Leben hat.

In unserem Zusammenhang sprechen wir diesen Grundauftrag folgendermaßen an: Selbstverwirklichung in Mitmenschlichkeit im Angesicht Gottes. Dabei ist mit dem Bild »im Angesicht Gottes« ganz einfach gemeint, daß wir Menschen uns verantwortlich zu fühlen haben gegenüber dem, der unser Schöpfer ist und der auch die sittlichen Grundwerte in ihrem Kern in uns begründet hat, und ganz besonders gegenüber demjenigen, der durch seine Menschwerdung authentisch gezeigt hat, was Menschsein heißen kann und heißen soll.

Wenn also darüber diskutiert werden soll, was Christen unter Humanität verstehen, dann kann man die Frage so formulieren: »Wie verwirklichen wir für uns und für unsere Mitmenschen die Möglichkeit, sich als Person in Gemeinschaft im Angesicht Gottes selbst zu verwirklichen?« Hilfe in diesem Sinn ist Lebenshilfe, und Lebenshilfe muß sich immer nach den Bedingungen richten, unter denen uns ein Mitmensch gegenübersteht. Deshalb wird Lebenshilfe sehr verschiedene Formen haben müssen: Ein kranker Mensch wird eine andere Lebenshilfe brauchen als ein gesunder, ein Sterbender eine andere als eine junge Braut, und ein Patient in der ihm unbekannten und deswegen ungeborgenen Situation im Krankenhaus eine andere Lebenshilfe als etwa der Industriearbeiter. Bei aller grundsätzlichen Gleichheit des helfenden Auftrags an den Mitmenschen sind also die Ausformungen der jeweils nötigen und geschuldeten Lebenshilfe sehr verschieden.

Im Rahmen dieses Kongresses liegt es wohl nahe, daß wir die Frage: »Was verstehen Christen unter Humanität?« in erster Linie in Hinsicht auf den Berufsraum bezogen verstehen: »Was heißt im Krankenhaus für uns Christen Humanität?«

Die Teilnehmer an diesem Arbeitskreis gingen zunächst einmal von einem Brainstorming mit der Fragestellung aus: »Was fällt mir ein, wenn ich das Wort ›Humanität‹ höre?« Hier kamen eine Menge Begriffe, etwa Menschlichkeit, Nächstenliebe, Vitalität, Freiheit, Beziehungen aufbauen, Rücksicht nehmen, Hilfe, Vorbeugung, Selbstlosigkeit, soziale Gemeinschaft, Dienst am anderen, Toleranz, Annehmen der jetzigen Situation, den Menschen abholen, Geduld haben, Einfühlen in den anderen. Soweit die positiven Begriffe zum Wort »Humanität«.

Dabei wurde betont, daß der Auftrag zur »Humanität« sich

an Christen in einer ganz besonderen Weise und mit besonders verpflichtendem Charakter richtet.

Es ist auch bemerkt worden, daß »Humanität« oft als Gegensatz zum Christsein verstanden wird oder als Ersatz dafür. »Humanität« könne auch Aufdrängen der Situation und der eigenen Meinung bedeuten.

Bei der Ausarbeitung des Brainstormings haben sich einige Fragen ergeben, die besonders um das Problem kreisen: »Was gehört für mich dazu, daß ich ein humaner Mensch werde?« Als Lösungsmöglichkeiten wurde u. a. gesagt: Das Ich muß sich mit sich selbst identifizieren, das heißt, ich muß meiner Rolle sicher sein, fähig sein, Selbstkritik zu üben, Charakter zu haben, ich muß mich einfühlen können, muß Freiheit kennen und sie erlebt haben, muß um Wahrheit, Klugheit und Gerechtigkeit bemüht sein, die eigenen Grenzen sehen und akzeptieren, nach Selbsterfahrung von Gut und Böse streben, um auch danach diese Erfahrungen auswerten und akzeptieren zu können.

Ein Ich, das ich solcherart verwirklichen will, hat dazu zwischenmenschliche und mitmenschliche Bedürfnisse. Deshalb ist auf die Frage: »Was braucht das *Ich* dazu?« unter anderem geantwortet worden: Das Ich braucht Beziehungen, braucht Kommunikation, um sich überhaupt verwirklichen zu können, braucht Partnerschaft, Vertrauen, Annahme, Stütze und Freiheit. Es muß möglich sein, Konflikte auszutragen, man muß mit Gleichgesinnten in Kommunikation sein und einander annehmen. Aggressionen, die wir alle haben, müssen abgebaut werden.

Im Licht des Christentums gesehen, also der Nächstenliebe und der Verwirklichung des Menschseins zum anderen Menschen hin, ist ein mögliches Ziel der Humanität die Achtung aller Menschen, gleichviel, wie ihre Bedingungen sind, unbeschadet dessen, ob sie krank oder gesund, von unserer Weltanschauung oder nicht, weiß oder schwarz usw. sind. Ein weiteres wichtiges Ziel ist der Aufbau von Gemeinschaft. Angefangen von der kleinsten Gemeinschaft in der Familie oder im Team am Arbeitsplatz bis zu weltweiten Gemeinschaften, etwa der weltweiten Kirche und des weltweiten Bewußtseins der Verantwortung für die anderen.

Ein weiteres Ziel der Humanität ist der Schutz des Lebens in allen seinen Formen, Bewahrung dieses Lebens und Hilfe für Entfaltung dieses Lebens. Daraus ergibt sich u. a. die Notwendigkeit, Toleranz zu üben, Arme und Hilfsbedürftige nicht allein zu lassen, Verantwortung tragen zu können und für das Glück der anderen zu sorgen. Das Bauen von Brücken und die Ermöglichung von Versöhnung, Aktivitäten anderer zu fördern und Lebensfreude zu haben, sind weitere Werte im Zusammenhang mit der Humanität.

Der Christ, der sich um Humanität bemüht, weiß sich nicht allein gelassen; er hat in seinem Leben gelernt, gleichzeitig auf die Führung Gottes und seinen eigenen Auftrag, sein Leben zu gestalten, zu vertrauen. Zu dieser Gestaltung des Lebens für die eigene Person und in Form der Hilfe zur Lebensbewältigung für andere gehört auch, daß der Mensch sein Scheitern und damit sein Sterben und seinen Tod anzunehmen lernt. Eine prominente Aufgabe humanitären Verhaltens ist also die Sterbehilfe. Hier kommt es darauf an, ein Stück Weg mit einem anderen zu gehen und ihn zur Annahme seines eigenen Sterbens zu führen, ihn in den Krisen seines Sterbevorgangs nicht allein zu lassen und eine schwindende Hoffnung des Kranken durch das eigene Hoffen auf Vollendung zu stützen. Humanität, so sagte der Arbeitskreis am Schluß seines Berichts, beweise sich in ihrer gültigsten Form in einer recht gelebten Sterbehilfe.

Zum dritten Thema: ›Gibt es eine Berufung zum sozialen Dienst?‹

Mit diesem Thema ist ein heißes Eisen angefaßt, denn in seiner Formulierung liegt unter Umständen die Unterscheidung zwischen »Beruf« und »Berufung«. Man kann sehr wohl die Ansicht vertreten, daß es solche Unterscheidungen, zumindest in dieser Form, nicht gibt, sondern daß jemand, der einen Beruf aus einem irgendwie gearteten inneren Antrieb wählt, dazu auch berufen ist, so daß also Berufung und Beruf sehr häufig zusammenfallen. Wichtiger wäre es, in bezug auf das Thema ein anderes Gegensatzpaar zu sehen: »Job«-»Beruf«, wobei unter Job einfach etwas verstanden wird, was als Arbeit für eine gewisse Zeit und ohne inneres Engagement dazu dient, das nötige Geld für das Leben zu verdienen. Hier liegt in Wirklichkeit eine Grenze. Wer einen Job ausübt, ist innerlich an dem, was er zu tun hat, nicht interessiert, denn es interessiert ihn ja nicht die Tätigkeit als solche, sondern die Entlöhnung dafür. Hingegen übt jemand im echten Sinn einen Beruf aus, wenn er sich innerlich mit dem, was dieser Beruf für ihn an Aufgaben und Möglichkeiten birgt, mehr oder weniger weitgehend identifiziert.

Es gibt viele Hinweise darauf, daß die junge Generation sich wieder in einem zunehmenden Maß für Berufe interessiert, die unmittelbar mit Menschen zu tun haben. Ganz optimistisch kann man vielleicht sogar sagen, daß die »Freßwelle« nach dem Zweiten Weltkrieg als Kompensation dafür, daß man lange hungern mußte, zunächst von einer Leistungswelle abgelöst wurde, in der nur noch das zu gelten schien, was als produktiver Wert vorzuweisen war. Innerhalb einer Leistungsgesellschaft sind die Dienstleistungsberufe, zu denen auch die pflegerischen und die pastoralen Berufe gehören, im sozialen Ansehen weithin zurückgetreten, weil hier ja nichts produziert wird, was man wägen und messen könnte. In den letzten Jahren aber mehren sich die Anzeichen dafür, daß diese Leistungswelle wiederum abgelöst zu werden scheint von einer Bewegung in Richtung auf Mitmenschlichkeit und Erfüllung der persönlichen Erwartungen des Menschenlebens.

Innerhalb eines solchen gewandelten »Klimas« werden sich also etwa Angehörige pflegerischer Berufe durchaus fragen dürfen, ob ihr sozialer Status in Ordnung sei oder ob diese Berufsgruppen nicht grundsätzlich unterbewertet seien.

Die Frage: »Gibt es eine Berufung zum sozialen Dienst?« ist also auch eine Frage des eigenen Selbstverständnisses. Dabei gehört zu den durchaus gültigen Motivationen zu einem solchen sozialen Dienst nicht nur das, was unter idealistischen Vorstellungen verstanden werden könnte, sondern auch die schlichte menschliche Erkenntnis, mehr Freude an einem Beruf zu haben, in dem man anderen Menschen helfen kann, als an einer Tätigkeit, die mehr oder weniger getrennt von Menschen und in stets sich wiederholenden Arbeitsvorgängen besteht. Man sollte gerade auch in bezug auf die Motivierung des eigenen Berufs nicht der Versuchung erliegen, sich einzureden, solche Motivationen seien letztlich nur dann gültig, wenn sie aus dem Gebot der Nächstenliebe unmittelbar abgeleitet werden könnten. Zunächst darf es auch als Zeichen einer Berufung angesehen werden, daß man sich zu dieser Tätigkeit hingezogen fühlt, an ihr Freude hat und in ihr Selbstverwirklichung erlebt. Selbstverständlich gehört zur Ausübung eines Berufs aus Berufung auch das Erlebnis der Ermüdung in diesem Beruf, auch das Erlebnis des Scheiterns und des Versagens. Wer aber davon überzeugt ist, daß sein Beruf für ihn der richtige ist, das heißt also, daß er zu diesem Beruf auch berufen ist, wird wissen, daß solche Tiefen in den Wellenbewegungen des menschlichen Lebens dann besser aufgefangen werden können, wenn man grundsätzlich von der Richtigkeit des gewählten Weges überzeugt ist. Der

Mensch, der einen Bezug zu Gott hat, wird bei einem aus Überzeugung gewählten Beruf auch immer annehmen dürfen, daß er dazu berufen ist, daß seine spezielle christliche Sendung in diese Welt die Tätigkeit in seinem Beruf ist. Die Frage: »Gibt es eine Berufung zum sozialen Dienst?« ist eine Frage an unsere gesamtmenschliche Haltung. Sie sollte vor diesem Hintergrund diskutiert werden.

Bei seinen Diskussionen ist der Arbeitskreis von der Vergangenheit ausgegangen und hat in mehreren Diskussionsbeiträgen erkannt, daß früher einmal für die Berufung zum sozialen Dienst der Ruf zur Nachfolge Christi maßgebend war. Eine solche Motivation nimmt in unserer Zeit mehr und mehr ab, worauf unter anderem auch der Nachwuchsmangel in den Orden zurückzuführen ist. Die jüngeren Menschen von heute können sich unter dem Wort »Berufung« weniger vorstellen und sind deshalb an der Unterscheidung »Beruf« oder »Berufung« interessiert.

Die Diskussion dieser Unterscheidung brachte verschiedene Schwerpunkte. So meinte jemand, Beruf sei mehr mit Fachwissen und Fachkönnen verbunden, Berufung dagegen mehr mit Opfer. Opfer wurde hier verstanden nicht nur im beruflichen Raum, sondern etwa auch in der Familie, in der es ohne Opfer nicht geht. In der weiteren Diskussion wurde dieses Wort »Opfer« übersetzt mit »Verfügbarkeit«. Darunter wurde verstanden, daß jemand seine Arbeit gern tut und für andere Menschen verfügbar ist. Im Bereich der Pflegeberufe, so wurde weiter gesagt, müsse diese Berufung dadurch untermauert werden, daß wir nicht nur das, was wir an Wissen haben, »verkaufen«, sondern uns für den Menschen verfügbar machen, was sich in einem Mitsein und in einem Mitgehen mit dem Kranken konkretisiert.

Als Ergebnis der Unterscheidung wurde Folgendes ausgedrückt:

Berufung bedeutet Freude, für andere Menschen dazusein,

und Freiheit, ganz verfügbar für ihn zu sein. Freude sei die Substanz der Berufung, so wurde gesagt.

Die Frage: »Gibt es eine Berufung zum sozialen Dienst?« ist abschließend eindeutig mit ja beantwortet worden, und zwar so, daß zwar jeder von uns in seiner eigenen Berufung einen eigenen Weg zum sozialen Dienst geht und seine eigene Motivation dabei mitbringt, es aber allen gemeinsam ist, für andere verfügbar zu sein.

Den Abschluß der Tagung bildete ein Podiumsgespräch mit dem Thema: »Hat Leiden und Sterben einen Sinn?« Teilnehmer an diesem Gespräch waren der Münchner Arzt Dr. E. Th. Mayer, Prof. Dr. P. Sporken als Ethiker, Pater Stefan Gruber aus Salzburg, Sr. Hilde Steinbrenner aus Salzburg und Pater Prior Ildefons Bernsteiner, Barmherziger Bruder aus Salzburg. Der Diskussionsbeitrag einer ehemals kranken Dame wurde verlesen.

Das Gespräch kreiste um mögliche positive Aspekte von Leiden und Sterben. So wurde nicht nur erwähnt, daß Schmerz und Leid als Warnfunktionen im Leben des Menschen eine Rolle spielen und ausgestandenes und bewältigtes Leid den Menschen reifer machen kann, sondern auch, daß Sterben zum Leben des Menschen gehört, daß er also sein Sterben als eine nicht nur negative Dimension in seinem Leben, sondern ebenso als Erfüllung und Bestätigung seines ganzen Lebens sehen kann.

Der Seelsorger wies vor allem darauf hin, daß es wichtig ist, einem Sterbenden auch noch in dieser letzten Phase seines Lebens die Dimension Hoffnung zu vermitteln, und Herr Dr. Mayer legte Wert auf die Feststellung, daß das Leid als menschliche Kontrasterfahrung den Hintergrund auch für ein freudiges Leben bilden kann. Auch der Bericht der Kranken, der verlesen wurde, wußte von solchen Erfahrungen: Leid ist etwas, was den Menschen anfordert, ihn eventuell auch prüft, aber immer als reifend notwendig sein kann zur Bewältigung seines Lebens. Ein theologischer Gedanke daran, daß das Leiden Jesu Christi Erlösung dieser Welt geworden ist und daß unsere Solidarität mit Jesus im Glauben deshalb erlösenden Charakter hat, hat dieses Podiumsgespräch abgerundet.